희망의 귀환

희망을 부르면, 희망은 내게 온다

희망의 귀환

차동엽

위즈앤비즈
Wisdom & Vision

서(序)

아무리 눈앞이 칠흑이어도, 희망은 기어코 귀환한다.
〈희망의 귀환〉은 철석같은 약속이다.

희망이 돌아온다? 그렇다. 목적을 성취하고 장하게 귀환한다. 일단 끝까지 믿어주면, 희망은 자신의 미션을 수행한 후 승리의 깃발을 들고 개선한다.

희망이 돌아온다? 맞다. 행복 찾아 집 떠난 파랑새처럼 여지없이 귀환한다. 입때껏 밖에서 행복의 꼬투리를 찾아 헤매던 궤적에서 선회하여, 이윽고 희망은 '나' 자신에게로 돌아온다.

희망이 돌아온다? 옳다. 거역할 수 없는 자연의 순리 속에서 어김없이 귀환한다. 이름하여 변증법적 순환 안에서 희망의 귀환이다. 꼭 누구의 이론이랄 것 없이, 역사는 수레바퀴처럼 돌고 돈다. 희망에서 절망으로, 절망에서 새희망으로, 새희망에서 새절망으로, 새절망에서 새새희망으로….

이런 줄도 모르고 아직도 휘청거리며 유랑하는 이들에게 괴테는 〈경고〉를 보낸다.

어디까지 방황하며 멀리 가려느냐?
보아라, 좋은 것은 여기 가까이 있다.
행복을 잡는 방법을 알아두어라.
행복이란 언제나 네 곁에 있다.

'경고'라 이름 붙였으되, 한 인생 베테랑의 독백이다. 행복을 겨냥하고 있지만, 사실상 그와 얽힌 모든 가치 군락에 유효한 진술이다. 홀연, 뇌리가 환해진다.

〈희망의 귀환〉은 필연이다.
희망을 부르라. 희망은 네게 온다.

무지개(舞之開) 차동엽

나도 희망한다, 너도 희망하라

　연초 광명역에서 KTX열차를 기다리는데, 이상한 자판기가 눈에 들어왔다. 2~3천 원짜리 문고판 책들이 유리 안에 진열되어 있었다. 바람은 횡횡한데 기웃거리는 사람조차 없고, 왠지 불쌍해 보여 시선 끌리는 대로 몇 권 골라 사줬다. 열차 안에서 집어든 책은 《다빈치의 마음열기》였다. 불세출의 천재 레오나르도 다빈치가 쓴 우화라기에, 호기심이 발동하여 내처 읽었다. 번쩍하는 대목이 있었다.

　쉬지 않고 변화하는 자연계에서 나뭇잎 위에 누에 한 마리가 천천히 기어가고 있었다. 그의 옆에는 많은 동물들이 있었다. 즐겁게 노래 부르고 폴짝 춤을 추기도 하고 심지어는 머리 위의 하늘을 향해 쏜살같이 날아다니기도 했다. 그러나 그는 단지 작은 누에에 불과했다. 천천히 기어 다니는데 어떠한 아름다운 목소리를 낼 수도 없고, 빨리 뛸 힘도 없었다. 그러나 그는 다른 벌레들을 질투하지 않았다. 자신이 단지 작은 애벌레에 불과하다는 사실을 알고 있었기 때문이다. 그는 열심히 실을 뽑아 나무 위에 튼튼한 집을 지었다. 그러나 모든 것은 여전히 변하지 않았다. 그는 여전히 천천히 기어 다녔고 그밖에 대부분의 시간은 집에서 기다렸다.

"내일부터는 어떻게 하지?"

그는 약간 조급한 마음이 들어 끊임없이 자신에게 물었다. 하늘에서 갑자기 대답이 들렸다.

"인내하고 기다리거라."

누에는 그 말을 믿고 꿈속에 빠졌다. 하루하루 지나가고 그가 깨어났을 때는 모든 것이 갑자기 변해 버렸다. 그는 이제 더 이상 과거의 모습이 아니었다. 천천히 기어 다니지도 않았고, 사람들이 혐오스러워하는 누에의 모습이 아니었다. 푸른 하늘을 멀리 날아갈 수 있는 오색찬란한 날개를 가지게 되었다. 지금 그는 자신의 새로운 이름에 자신감이 생겼다. 그 이름은 나비였다.[1]

우리네 삶은 영락없이 누에의 그것이라는 생각을 떨칠 수 없을 때가 있다. 둘러보면 다들 뛰고 폴짝거리고 날아다니는데, 나만 엉거주춤 기어 다니는 신세! 모두 저마다의 색깔로 신나는 노래들을 불러대는데, 나는 소리조차 내지 못하는 꼴!

하지만 누에 애벌레는 은근히 가르친다. 누에는 질투를 몰랐다.

그 대신 자신의 꽁무니에서 나오는 실을 뽑아 집을 지었다. 그리고 무작정 기다렸다. 이윽고 새 세상이 열렸다. 오색찬란한 날개를 가진 나비 한 마리가 춤추듯 창공을 날고 있었다.

이렇듯 자연은 온통 희망의 향연이다. 살아있는 미물들은 하나같이 우리를 위한 희망멘토들이다. 자연은 값싼 희망을 가르치지 않는다. 혹독한 기다림의 시간을 전제로 한 희망, 그러나 반드시 비상의 때를 맞이하는 희망을 가르친다. 그리하여 나는 감히 비약하여 말하고 싶다.

"희망은 인간의 운명이다."

지금 나는 고독하게 혼잣말을 하고 있는 것이 아니다. 독일의 사상가인 에른스트 블로흐 역시 이렇게 말했다.

"인간은 끊임없이 희망을 품는 존재다."

이 말로써 그는 희망이 '인간을 인간이게 만드는 특성'이란 사실을 적시하고 있다. 희망은 인간 고유의 원초적 생존력인 것이다. 그렇다면 우리가 희망을 품을 수 있는 근거는 우선 인간 자신이라는 말이 된다.

여기서 나는 역설적인 진실 하나를 인정할 수밖에 없다. '무엇인가'가 특별히 강조되고 있을 때는 그것이 심각하게 도전받고 있음을 시사한다는 사실! 이런 의미에서 시방 내 마음에 '희망에 대한 변론'이 들끓고 있는 것은 그만큼 희망을 위협하는 기운이 사회 · 문화적으로 기승을 부리고 있기 때문일지도 모른다.

고백하거니와 이 글은 벼랑 끝에서 희망을 찾는 누군가를 위한 변호임과 동시에, 나 자신 희망이 절실해질 때를 위한 비상구로서도 의미를 지닌다.

나는 지상에서 가장 호소력 있는 희망 경구로 다음의 라틴어 격언을 즐겨 꼽는다.

"나도 희망한다, 너도 희망하라."(스페로 스페라: Spero, spera)

얼핏 평범한 상투어인 듯하나, 이 말의 속뜻엔 거부할 수 없는 울림이 있다. 지금 누군가에게 희망을 권면하는 그 사람은 더 혹독한 시련 가운데 있다. 그는 겨우, 간신히, 억지로 희망을 부여잡고 버티는 중이다. 그리하여 그는 살아있음 자체가 주위 사람들에게 힘찬 희망의 응원이 된다. 그의 처절한 고백!

"나도 희망한다."(Spero)

이는 이제 거역할 수 없는 명령이 된다.

"너도 희망하라!"(Spera)

이 바다 건너 지혜를, 지금 희망과 작별을 고하려 망설이는 모든 이에게 전하고자 이 글을 쓴다.

목차

part 1
포옹하라

part2
춤추라

part4
즐겨라

part 1

포옹하라

part 1
포 옹 하 라

네게
희망이 오고 있다

꿈을 접은 그대,
그만
일어나라

이제는 기지개를 켤 때　　지난해 말쯤 인편을 통하여 《여섯 번째 행복편지》가 내게 전달되었다. 스폰 형식으로 친지들에게만 전달되는 자비출간 책자다. 일정이 빼곡한 연말이라 짬을 내기가 어려워 나중에 읽을 요량으로 일단 거실 테이블 위에 놓아두었다. 이리 치이고 저리 치이다가 올 연초 문득 눈에 들어왔다.

　마침 그간 지쳤던 심신의 고삐를 풀고 칩거 중이었기에, 불량한 자세로 페이지를 넘겼다. 그러다가 화들짝 자세를 고쳐 잡고 읽은 대목! 영문 대조 번역 경구였다. 내 마음을 잡아챈 것은 대문자로 쓰인 영어 동사들이었다.

　　바라만 보지 마세요, 관찰하세요.(Don't just look, OBSERVE)
　　삼키지만 마세요, 맛보세요.(Don't just swallow, TASTE)

잠들지만 마세요, 꿈꾸세요.(Don't just sleep, DREAM)

생각만 하지 마세요, 느껴보세요.(Don't just think, FEEL)

존재하지만 마세요, 살아가세요.(Don't just exist, LIVE)[1]

하나씩 음미해 보면 '생판 낯선 세상'을 열어주는 키워드들이다.

'관찰하세요'(OBSERVE)! 피상, 껍데기에 휘둘리지 말고 그 알 속의 소중한 것들을 포착하라.

'맛보세요'(TASTE)! 만유의 본래 진미를 허투루 꿀꺽하지 말고 잘근잘근 한껏 누려라.

'꿈꾸세요'(DREAM)! 마치 깊은 잠에 빠진 듯 시체처럼 흐느적 허송하지 말고 3D입체영상으로 자신의 흥분되는 미래를 그려라.

'느껴보세요'(FEEL)! 탁상공론의 공허를 떨치고 오감, 육감으로 모든 상상을 리얼한 실재처럼 황홀하게 만져라.

'살아가세요'(LIVE)! 시간의 흐름에 타성으로 무료히 휩쓸리지 말고 자신만의 존재의미를 째깍째깍 일구라.

우선 나를 위한 유쾌한 꼬집음이었다.

나는 지금 이 비밀스런 각성의 기쁨을 누군가와 나누고 싶다. 누구든 상관없다. 소용이 된다면 차별없이 대환영이다.

그러지 않아도 요 근래 우리의 마음 지형은 심란하기 짝이 없다. 예외 없이 거의 모두가 망연자실이다.

이른바 2030세대는 너무 일찍 비정한 경쟁사회의 '쓴맛'을 알아 버렸고, 40세대는 제대로 용 한번 써보기도 전에 '피로 및 노쇠' 증후군에 시달리고 있고, 5060세대는 떠밀리듯 인생 메이저리그와의 결별 고민에 불쑥불쑥 '황망'에 빠지곤 하는 것이 오늘 우리 사회의 자화상임에는 틀림없다.

이 글을 쓰고 있는 지금도 나는 절망의 환청을 듣는다. 아니 그것은 실제로 절망한 이들의 탄식일 것이다. 그 아우성을 견디다 못해 나는 악몽을 꾼 적도 있다. 욕을 모르던 내가 밝혀지지 않은 사회적 책임자들을 향하여 직무유기와 방조죄를 운운하며 거친 말을 퍼부은 적도 있다. 다들 같은 심정일 게다.

여하튼 우리에게 당장 필요한 것은 '위로'와 '힐링'이었다. 그리고 비움이었다. 다 옳다. 모두 절실했다.

하지만 이제 슬슬 다시 기지개를 켤 때가 되었다. 각자 자신의 때가 있다만, '우리들'의 때는 서서히 무르익고 있다. 아니 진즉 코앞에 와 있다.

이거 무슨 억지냐고? 천만에! 강요가 아니다. 바야흐로 기상의 몸풀기는 오히려 자연의 이치다. 왜냐? 혹독한 겨울 속 우리들의 동면이 지리한 시점을 지나고 있기 때문이다.

희망본능은 거역할 수 없다　　자연계에만 봄이 있는 것이 아니다. 우리들의 생체시계에도 4계절이 있다. 마음속 4계절! 사람마다 생체시계의 주기는 다르지만 그 순서만은 어김없이 똑같다. 겨울이 지나면 반드시 봄이 오고, 다시 여름과 가을을 거쳐 어느새 또 겨울이 와 있고….

그 누가 이 순리를 거역할 수 있겠는가? 나는 이 돌고 도는 순환적 흐름의 중심에 우리들 희망본능(希望本能)이 있다고 믿는다. 희망본능은 우리 안에 피처럼 흐르고 있다. 피가 흐르는 한, 희망본능의 맥박은 뛰고 있다. 쿵쾅쿵쾅! 물론 그것의 세고 약함은 각자의 생체시계 속 4계절의 순환에 조율되어 있는 것이고.

희망본능의 존재는 나만의 가설이 아니다. 철학자들은 그 단초를 '현존재'니 '자유'니 '초월욕구'니 하는 인간의 특성에서 찾았다. 예술가들은 그들 예술혼의 무한한 동경 그리고 자연에 대한 심미안적 관조에서 그 실마리를 보았다. 예컨대 빈센트 반 고흐는 평생 집요하게 그를 괴롭히던 치열한 고뇌 속에서도 불현듯 다음과 같은 희망의 편린을 보았다.

"겨울이 지독하게 추우면 여름이 오든 말든 상관하고 싶지 않을 때가 있다. 부정적인 것이 긍정적인 것을 압도하는 것이다. 그러나 우리가 받아들이든 받아들이지 않든 냉혹한 날씨는 결국 끝나게 되어 있고, 화창한 아침이 찾아오면 바람이 바뀌면서 해빙기가 올 것이다. 그래서 늘 변덕스러운 우리 마음과 날씨를 생각해 볼 때, 상황이 좋아질 수도 있다는 희망을 품게 된다."[2]

나에게는 이 말이 그의 그림처럼 휘어잡는 인상(impression)으로 덮친다. 그림에 설명이 필요 없듯이, 그의 말에도 군말이 필요 없다는 공감!

희망이 인간의 본능이라는 단서는 현대 뇌 연구의 성과에서도 드러난다. 바로 의욕, 야심, 자기통제 등을 관장하는 '전두엽'의 면적이 동물들에 비해 월등하게 넓다는 것! 개의 전두엽은 대뇌피질 전체의 7%, 원숭이는 17%인데 비해 사람은 29%인 약 $760cm^2$나 된다고 한다. 여기에서 추리적 사고, 논리적 사고, 창의력 등이 발생한다. 그래서 전두엽을 문명의 뇌, 판단의 뇌, 예측의 뇌, 선견지명의 뇌라고도 한다. 이런 이유로 "인간은 전두엽에 존재한다"고 학자들은 말하는 것이다.[3]

요컨대, 인간은 이 전두엽의 작용으로 쉬지 않고 무엇인가를 기획하고, 모색하고, 도모한다. 그러니 이 전두엽에 인간의 내재적 모멘텀, 곧 희망본능이 있다고 말할 수 있게 되는 것이다.

진실에게로 돌아오라　　인간의 모순을 적나라하게 폭로한 《이방인》의 작가 카뮈조차도 희망을 긍정했다.

"겨울은 언제나 봄 속에서 끝난다."

그의 고뇌가 한평생 절망 언저리를 맴돌았기에 이 단상은 더욱 귀하게 우리네 심금을 파고든다.

나 역시 절망의 달콤한 유혹에 언제든지 무방비로 노출되어 있다. 변덕과 충동이 연신 나를 꼬드겨댄다. 그러기에 예방의 방편으로 손수 시 한 편 지어 적어 놓고, 흔들릴 때마다 방패로 사용한다. 독자들과도 나누고 싶어 소개한다.

우리가 꿈을 접은 순간에도, 꿈은 우리를 떠나지 않았다.
우리가 희망 끈을 놓은 순간에도, 희망은 우리 곁에 있다.
왜? 꿈이며 희망이며는 인간본능이기 때문에.
요구가 되었든, 욕구가 되었든, 욕망이 되었든, 아니라면 의지가
되었든, 이런 것들은 인간 안에 내재된 희망의 원천인 것!

그러므로, 절망은 오히려 그대를 속이는 것이다.
"꿈을 접었노라"는 선언은 자기기만이며,
"더 이상 희망을 믿지 않겠다"는 고집은 부질없는 자기부정!

이제 돌아오라.
진실에게로 돌아오라.
희망이 그대의 본능이며 진실이니,
다시 꿈을 잡으라.

"바다도 물이 모자란다고 한다"라는 영국인의 예지를 기억하라.

이것이 양심의 명령이며
이것이 그대를 향한 정의라 할 것이니,
그대 다시 일어서라.

그렇다. 어떤 연유에서건 우리들이 택했던 절망이나 포기는 자기 자신의 본성을 거스르는 오류였다. 그리고 거기에서 출발하여, 우리는 그 원인을 밖에서 찾고 애꿎은 데다 원망과 불평을 퍼붓는 잘못까지 범하곤 했다. 이는 옳지 않을 뿐더러 진취적이지도 않다. 이제 우리는 이런 퇴행적인 심리놀이에서 발을 털어야 하지 않을까.

좀 쑥스럽지만 많은 이들이 나를 '희망멘토'라 불러준다. 자격이 있는지는 모르겠으되, 나에게는 어떤 훈장보다도 귀한 자긍이다. '희망의 소유자'로서보다 '희망의 사냥꾼'으로서 인정받은 것이란 조건에서라면, 나는 이 이름에 세상에서 가장 큰 권위를 부여하고 싶다.

그 엄위로운 권위로 나 자신과 세상에 선언하고 싶다.

"그대 다시 일어서라. 희망을 부르면, 희망은 돌아온다!"

만일 내면에서 "더 자야 한다", "회복의 시간을 달라"는 음성이 들린다면, 인간 심층을 꿰뚫어 본 대문호로서 만인의 인준을 받은 권위, 셰익스피어의 조언을 곰곰 되새겨볼 일이다.

"절망을 치유하는 명약, 그것은 희망밖에 없다!"

'희망놀이'
한번

변호사 존 크랠릭의 글로벌 위기 탈출기 　　안식년을 보내던 지난 2011년 짬짬이 《365땡큐(Thank You)》라는 책 한 권을 번역했다. 이 책은 요 근래 내가 만난 감동 가운데 단연코 가장 찡한 울림으로 남아있다. 이야기는 개인적으로나 가정적으로나 직장에서나 총체적으로 파산에 직면한 미국 변호사 존 크랠릭의 심리적 공황에서 출발한다. 여차저차해서 이 변호사는 자신의 비상탈출구로 주변 사람들에게 매일 감사편지 쓰기를 시도한다. 놀랍게도 일단 실험적으로 시작한 이 감사편지는 즉각적이며 연쇄적인 성과를 가져온다. 그동안 삐걱거렸던 모든 인간관계는 물론 계속 적자를 면치 못하고 있던 사업에서까지 기대하지 못했던 치유, 화해, 회복, 그리고 극적인 반전까지! 이 모든 이야기는 허구가 아닌 그의 실제 삶의 기록이다.

그런데 이 책 앞부분에서 저자 존 크랠릭은 소설 《폴리애나》 이야기에 많은 지면을 할애하고 있다. 그는 7살배기 딸에게 자장가로 읽어준 책 《폴리애나》에서 자신의 일생을 바꿀 위대한 영감을 얻는다. 바로 책의 주인공 소녀 폴리애나를 통해 배운 '기쁨놀이'다. 이는 어떤 상황에 처해도 그 안에서 긍정적으로 기쁨을 느낄 만한 것을 찾아내는 놀이다.

폴리애나는 이 '기쁨놀이'를 선교사인 아버지로부터 소중한 유산으로 물려받는다. 시작은 이러하다. 폴리애나는 인형 한 개를 갖고 싶은 맘에 부모를 졸라댔지만 선교지원물품 통에 들어온 것은 엉뚱하게도 다리 다친 이들을 위한 목발뿐이었다. 하지만 폴리애나는 아버지에게 배운 '기쁨놀이' 덕에 이내 곧 낙담하지 않고 기뻐한다. 왜냐하면 '목발'은, 자신에겐 '그 목발이 필요하지 않다'는 사실을 일깨워준다고 생각했기 때문이다.

저자는 이러한 폴리애나의 절대 긍정 정신을 딸아이에게 읽어주며 자신의 밑바닥 인생을 새롭게 보기 시작한다. 그리고 그 결과는 이미 말한 바와 같이 놀라웠다.

신난다, 희망놀이!　　어릴 적 좋아하던 추억의 놀이 하나쯤은 누구나가 다 있을 터. 놀이에 집중할수록 그 작은 가슴이 쿵쿵 뛰었던 기억도 어렴풋이 떠오를 것이다.

기쁨놀이!

사실 우리는 은연중에 기쁨놀이를 하면서 시련이나 역경을 이겨왔다. 긍정적 사고에 익숙한 사람들은 어떤 상황에서도 기뻐해야 할 이유를 찾아내고야 만다. 오랜 세월 우리 민족은 기쁨놀이의 정수들을 속담으로 갈무리해 두기도 했다.

"젊어서 고생은 돈 주고도 못 산다."

"인생사 새옹지마!"

"비온 뒤에 땅이 굳는다."

"……."

영어로도 운치를 더하는 격언이 있다.

"Every cloud has a silver lining!"(모든 구름엔 은빛 테두리가 있다)

구름 뒤에는 언제나 은빛 찬란한 희망이 숨어 있다는 뜻이니, 부정 뒤에 숨겨진 긍정의 발굴이라 할까.

그런데 기쁨놀이를 뒤집으면 '슬픔놀이'가 된다. 슬픔놀이는 크게 문제없는 현실 속에서도 굳이 불평거리, 걱정거리를 찾아내어야 직성이 풀리는 심리게임을 말한다. 특기할 것은 이를 무의식중에 즐기는 사람들이 꼭 있다는 사실! 바로 속절없이 비판과 불만을 일삼는 불평분자들 말이다.

기쁨놀이를 약간 다른 각도에서 이름 붙이면 '희망놀이'라 불러도 무방할 것이다. 강조점이 조금 다를 뿐, 내용은 거의 동일하다.

어떤 상황에서도 절망의 이유 대신에 희망의 이유를 찾는 것이다.

극한의 상황에서도 희망놀이는 생존의 탈출구가 될 수 있다.

성공회대 신영복 석좌교수는 '희망놀이'로 20년 감옥생활에서 살아남을 수 있었다. 그는 이렇게 회상한다.

"교도소에서 자살하는 사람들이 참 많아요. 보도가 안 되지만요. 〔…〕 제가 무기징역 받고 추운 독방에 앉아 있을 때, 왜 자살하지 않나 생각하기도 했습니다. 심각하게 고민했었죠. 많은 사람들이 자살을 하거든요. 자살하지 않은 이유는 〔…〕 햇빛 때문에 안 죽었어요. 그때 있었던 방이 북서향인데, 2시간쯤 햇빛이 들어와요. 가장 햇빛이 클 때가 신문지 펼쳤을 때 정도구요. 햇빛을 무릎에 올려놓고 앉아 있을 때 정말 행복했어요. 내일 햇빛을 기다리고 싶어 안 죽었어요. 살아있다는 것 자체가, 비록 20년의 감옥이 삶 속에 있지만 결코 손해는 아니다. 태어나지 않은 것과 비교한다면요. 그런 생각을 했던 것 같아요."[4]

매일 2시간쯤 들어오는 무릎 면적의 햇빛!

희망을 모르는 이에게는 죽음의 이유가 되고도 남는 지독스런 결핍이다.

하지만 희망을 아는 이에게는 살아야 할 이유가 되는 충분한 명분인 것이다.

긍정의 선택이 불러온 행운　　　우리가 놓치지 말아야 할 고도의 과학적 진실이 있다. 곧 인간은 선택의 주체라는 사실! 동물은 본능적으로 반응하지만 인간은 생각과 판단을 하며 반응한다는 사실! 게다가 누구에게도 간섭당하지 않고 오로지 자신의 자유의지로 선택한다는 사실!

우리는 매순간 이 엄청난 특권 앞에 서 있다. 똑같은 사태를 두고서, 마음대로 선택할 수 있다. 화를 낼 수도 있고 기뻐할 수도 있다. "할 수 없어"라고 말할 수도 있고 "한번 해 볼게"라고 말할 수도 있다.

그렇다면! 이 귀한 특권을, 매순간 단 한 번 주어지는 이 값진 기회를 우울이나 불행 따위, 나아가 절망 나부랭이에게 넘겨주어서야 되겠는가. 결연코 피해야 될 일이다.

그러므로 희망놀이에 초대한다. 평소 우리의 자유의지가 "기왕이면 다홍치마"를 선택하도록 습관을 들이는 놀이 말이다.

상황이 매우 고약할 때는 희망놀이가 결정적인 도움을 줄 수 있다.

언제나 긍정적인 태도를 반복적으로 선택하여 '경영의 신'으로 불린 일본의 전설적 기업인 마쓰시타 고노스케. 그는 숱한 역경을 헤치고 94세까지 살면서 수많은 성공신화를 이룩했던 인물이다. 그는 자신의 인생승리 비결을 한마디로 '덕분에'라고 고백했다.

"저는 가난한 집안에서 태어난 '덕분에' 어릴 때부터 갖가지 힘든 일을 하며 세상살이에 필요한 경험을 쌓았습니다. 저는 허약한 아이였던 '덕분에' 운동을 시작해 건강을 유지할 수 있었습니다. 저는 학교를 제대로 마치지 못했던 '덕분에' 만나는 모든 사람이 제 선생이어서 모르면 묻고 배우면서 익혔습니다."⁵

희망놀이의 전형이다. 남들 같으면 '~때문에' 요 모양 요 꼴이 되었다고 둘러대기 좋았을 핑계거리를 '덕분에'로 둔갑시켜서 성공비결로 삼았으니, 가히 경지라 부를 만하다.

이쯤 되면 희망놀이는 이제 놀이의 즐거움에 더하여 수확의 기쁨까지 가져온다는 신나는 깨달음에 이르게 된다. 얼마나 고무적인 발견인가.

그러므로 상황이 고약스럽다고 해서 좋은 때가 오기만을 하염없이 기다리는 것은 희망의 사람이 취할 선택이 아니다.

아무리 환경이 가혹하다 해도 그저 놀이 삼아 희망을 불러보라.

건성으로 불러도 희망은 그 횟수가 거듭함에 따라, 처음에는 헛꿈이었다가, 점점 신기루였다가, 어느덧 실루엣이었다가, 불현듯 현실로 성큼 다가와 있을 테니.

너의
들판 위에

대륙형 희망　　희망은 보는 사람이 임자다. 바로 코앞에 있는 희망도 보지 못하고, 희망이 없다고 하소연하는 이들도 적지 않다. '희망의 존재 여부'를 놓고 서로 반대되는 의견들이 충돌할 때, 결국 관건이 되는 것은 보는 능력이다. 그러기에 퓰리처상 수상작 《자연의 지혜》를 쓴 애니 딜라드는 흥분된 어조로 이렇게 외친다.

> 본다는 것의 비밀은 매우 값비싼 보물이다.
> 그 보물을 발견해 영원히 간직하는 법을
> 내게 가르쳐줄 수 있는 사람이 있다면
> 나는 그가 설령 미치광이라 할지라도
> 백 개의 사막을 가로질러
> 맨발로 비틀거리며 가는 한이 있어도

그를 따르리라.

나는 이 말에 글자 그대로 동의한다. 그래서 나는 오스트리아 비엔나에서 박사학위 공부를 하던 중 '본다는 것의 비밀'을 배우기 위해 모든 것을 일시적으로 멈추고 미국으로 날아갔다. 보스턴 대학의 토마스 그룹이라는 교수로부터 사사받기 위해서! 그는 당시 내가 문제 삼고 있는 주제였던 스토리텔링의 절대 고수로 미국에서 정평이 나 있던 학자였으니, 백 개의 사막인들 내게 무슨 장애였으랴.

지금도 '본다는 것의 비밀'은 나에게 최우선의 궁금증이다. 이것이 내가 사람들을 만날 때 말하기보다 묻기를 좋아하는 까닭이다.

최근 중국에서 온 유학생과 점심을 나눌 기회가 있었다. 중국인들은 대체 어떤 희망을 가지고 있을까 하는 것이 궁금하여 물었다. 필담으로 받은 답변은 중국 속담이었다.

"희망재전야상!"(希望在田野上)

"무슨 뜻이죠?"

"희망은 밭과 들판 위에 있다!"

야, 멋있다! 나는 탄성을 질렀다. 금세 뜻이 전해져 왔기 때문이다.

아무리 찢어지게 가난하더라도 밭이 있는 한 희망이 있다.

땅을 일구고 씨를 뿌리라.

밭이 없다면 저 주인 없는 들녘에 희망이 있다.

황무지를 개간하고 나무를 심으라.

희망이 쑥쑥 자라리라.

오늘날로 치면 '밭'은 우리의 직장, 또는 활동무대를 가리킨다고 볼 수 있을 것이다. '들판'은 세상에 해당한다고 보면 될 터이고. 이는 대우그룹의 창업주 김우중 전회장이 남긴 《세상은 넓고 할 일은 많다》라는 한때 유명했던 책 제목을 연상시킨다. 그는 결국 '세상'이 희망이라고 말한 셈이다.

"온 세상이 너의 희망 밭이며 들판이다!"

중국인들의 스케일만큼이나 널찍한 대륙형 희망이 엿보이는 대목이다.

나의 밭, 나의 들판을 개간하라   실로 희망은 우리들의 '밭'과 '들판'에 있다.

그런데도 우리는 뻔히 눈앞에 있는 것을 애써 외면하고, 헛군데에서 희망을 찾으려 한다. 대부분의 사람들은 유행이나 트렌드를 좇아 직업을 구하거나 창업하려 한다. 어디 그뿐이랴. 소위 "떴다" 하는 콘텐츠엔 그 주인공이 패션이든, 유행어든, 상품이든 너

나할 것 없이 우르르 몰려든다. 하지만 안타깝게도 내가 여태까지 관찰해 온 바로는, 매스컴에서 "요즘 이런 것이 트렌드다"라고 요란을 떨기 시작했을 때는 이미 늦었을 때다. 선두주자들은 그 트렌드를 개척하여 얻을 것 다 얻고서 진즉 빠져나간 상태! 나는 증권에는 문외한이지만, 개미군단은 작전세력이 인위적으로 만들어놓은 붐을 따라붙다가 낭패를 겪는 일이 다반사라 들었다. 그러므로 트렌드를 마냥 뒤쫓을 것이 아니라, 자신만의 그 무엇으로 트렌드를 만들어내려는 창의성을 우선적으로 선택할 줄 알아야 한다.

지금은 세계적인 스타로 이름을 날리는 싸이. 그는 불과 2년 전 한 강연에서 그의 '오늘'을 예감할 수 있는, 똑떨어지는 얘기를 했다.

"트렌드라는 말은 참 매력적이지만 야속한 단어다. 트렌드는 간사하며 자주 바뀌고, 심지어 지구의 자전축처럼 자꾸 바뀌지만 브랜드는 바뀌지 않는다."[6]

트렌드와 브랜드. 비슷한 발음으로 언어유희를 하는 것도 재미있지만, 이 말에 담긴 통찰력이 범상치 않다. 개성적인 외모와 음악으로 '특이하다'는 평가를 받는 것을 브랜드화하여 그것으로 세계를 뒤흔든 트렌드가 되게 했으니, 그는 진실을 말한 셈이다.

글 쓰는 것을 주요 본령으로 여기는 나는 트렌드를 따라서 주제를 정한 적이 한 번도 없다. 나는 늘상 특정의 문제의식을 모든 트렌드에 앞서 가지려 노력한다. 아무도 밟지 않은 미래의 벌판에서 내가 일굴 땅을 찾고, 거기에 파종할 씨앗을 선별하는 것! 이것이 내 저술들이 오래도록 생존하는 비밀일지도 모른다.

공연히 남의 밭, 남의 들판을 기웃거리지 말고, 자신만의 영역을 개척하라. 그리하여 자신만의 브랜드를 만들라. 자신에게 특이한 것, 지금 눈앞에 주어진 것, 그것을 긍정적으로 활용하면, 무엇이건 훌륭한 브랜드가 될 수 있다. 그리하여 남들이 좇아오는 트렌드가 되는 것이다.

둘러보니 희망이로세　1930년대 세계경제대공황 때 절망하고 지친 국민에게 미국의 제32대 대통령 프랭클린 루스벨트는 합리적인 희망을 독려했다.

"여러분, 지금 우리가 있는 장소에서, 우리가 가진 것을 동원하여, 우리가 할 수 있는 것을 합시다."

그는 다니는 곳마다 이 말을 반복해서 강조했다. 그것이 결국 희망의 결집을 가져와 미국은 지긋지긋한 경제난에서 벗어날 수 있었다. 한순간에 기적이 일어난 것이 아니다. 조용한 희망혁명이 자연스런 결실을 가져왔다. 이것이 내가 말하고자 하는 희망이다.

나는 종종 강의 중에 루스벨트의 저 정신을 가장 잘 발휘한 사람이 '맥가이버'라고 우스갯소리로 말하곤 한다. 그를 아는 세대는 순간적으로 웃음이 빵 터진다. '맨손의 마법사' 맥가이버는 언제 어떤 상황에서도 현장에 있는 물건을 활용하여 결국 위험에서 탈출하는 데 성공하지 않았는가! 그는 우리를 향해 설득력 있게 선언한다.

"둘러보니 온통 희망이로세!"

절망이 무엇인가.

더 이상 바라보지 않는 것이 절망이다. 한자어로 절망(絶望)은 바라보기(望)를 끊는 것(絶)을 가리킨다. 맞다. 바라봄을 끊는 것이 절망이다. 더 이상 바라보지 않는 것이 절망이다. 꿈을 꾸지 않는 것이 절망이다. 눈감아 버린 것이 절망이다.

그렇다면 희망은 바로 그 반대!

문병란 시인은 평소 우리들이 허투루 스쳐 보내는 희망의 순간들을 민첩하게 포착하여, 말 그대로 아름다운 〈희망가〉를 부른다.

얼음장 밑에서도
고기는 헤엄을 치고
눈보라 속에서도

36

매화는 꽃망울을 튼다.

절망 속에서도
삶의 끈기는 희망을 찾고
사막의 고통 속에서도
인간은 오아시스의 그늘을 찾는다.

눈 덮인 겨울의 밭고랑에서도
보리는 뿌리를 뻗고
마늘은 빙점에서도
그 매운맛 향기를 지닌다.

절망은 희망의 어머니
고통은 행복의 스승
시련 없이 성취는 오지 않고
단련 없이 명검은 날이 서지 않는다.

꿈꾸는 자여, 어둠 속에서
멀리 반짝이는 별빛을 따라
긴 고행길 멈추지 말라.

인생항로
파도는 높고
폭풍우 몰아쳐 배는 흔들려도
한고비 지나면
구름 뒤 태양은 다시 뜨고
고요한 뱃길 순항의 내일이 꼭 찾아온다.[7]

　누가 이 수고로운 희망탐사에 반기를 들 수 있으랴. 이처럼 희망을 찾으려는 빛나는 눈들이 있는 한, 희망은 우리 앞에 도도하게 존재한다고 말할 수 있다.

괜찮다 괜찮다 — 미래에 대한 '두려움'이 나를 괴롭힌다. 극복할 길은?

바로 목전에 희망을 보면서도 주춤거리는 사람들이 있다. 정체 모를 두려움 때문에 엉거주춤, 우물쭈물 거리고 있는 것이다. 밤새 몹시 시달린 표정으로 이들은 물어온다.

"미래에 대한 '두려움'이 나를 괴롭힙니다. 극복할 방법은 없나요?"

나는 독일 소설가 장 파울의 위트 있는 언급에서 두려움에 대한 답변의 실마리를 찾고 싶습니다.

"소심한 사람은 위험이 일어나기 전에 무서워한다. 어리석은 사람은 위험이 일어나고 있는 동안에 무서워한다. 대담한 사람은 위험이 지나간 다음부터 무서워한다."

이 말은 그대로 진실입니다.

소심한 사람은 위험을 미리 걱정합니다. "어이쿠, 이러다가 뭔 일 터지는 것 아냐? 어떻게 하지?" 그러면서 나름 철저히 준비합니다.

어리석은 사람은 위험에 직면하여 공포에 짓눌립니다. "우와, 집채만 한 호랑이잖아. 이제 나는 죽었다!" 벌벌 떨다가 그만 위험을 벗어나지 못합니다.

대담한 사람은 위험이 지난 다음 사태를 인식합니다. "이거 뭐야? 돌이 굴러떨어졌잖아! 하마터면 큰일 당할 뻔했네." 순간적으로 엄습하는 전율에 식은땀을 흘립니다.

결국 아무도 두려움을 피해가지 못한다는 얘기입니다. 그렇다면, '누구나' 두려움을 겪는다는 사실에서 위로의 단초가 확인된 셈 아닐까요.

위트 있는 두려움 처치법으로 치자면, 프랭클린 루스벨트의 예를 거를 수 없습니다.

미국 대공황 시절, 하루는 루스벨트 대통령이 기자회견을 하고 있었습니다. 한 기자가 질문했습니다.

"각하께선 걱정스럽다거나 초조할 때 어떻게 마음을 가라앉히십니까?"

루스벨트 대통령은 미소를 띠며 대답했습니다.

"휘파람을 붑니다."

기자는 의외라는 듯 다시 질문했습니다.

"내가 듣기로는 대통령께서 휘파람 부는 것을 보았다는 사람이 없는데요?"

그러자 루스벨트가 자신 있게 대답했습니다.

"당연하죠. 난 아직 휘파람을 불어본 적이 없으니까요."[8]

루스벨트의 이 한마디에서 우리는 그가 얼마나 무한한 긍정과 희망의 정신을 지닌 인물이었는가를 엿볼 수 있습니다. 한 나라의 수장으로서 어찌 걱정스럽고 초조한 일들이 없었겠습니까마는, 루스벨트에게 그러한 것들은 전혀 문제되지 않았던 것입니다. 더불어 경기침체의 여파 속에 불안에 떠는 국민들에게, 아직 미국은 끄떡없다는 것을 역설적으로 말하고 있었던 셈입니다.

두려움은 사람의 심신을 해칩니다. 2차 세계대전 당시 전쟁으로 말미암아 죽은 청년의 수가 30만 명이었습니다. 그런데 아들과 남편을 일선에 내보내고, 두려움과 염려에 빠진 나머지 심장병으로 죽은 미국시민들이 100만 명을 넘었다고 합니다. 총탄이 사람을 꿰뚫어 죽인 수보다 두려움과 걱정이 죽인 사람의 수가 훨씬 많았습니다.[9]

무엇 때문에? 두려움이 우리에게 불러일으키는 상상의 크기가 실로 압도적이었던 것입니다. 떠올릴 수 있는 최악의 상황을 그리도록 부추겼던 것입니다. 그리하여 객관적인 사고나 판단에 앞서 극도의 감정이 먼저 우리의 몸과 마음을 지배하도록 주도권을 빼앗긴 것입니다.

이렇듯이 두려움은 상상으로 인해 부풀려집니다. 두려움은 어떤 특정 사실에서 출발합니다. 그것을 단초로 삼아 우리의 상상이 만들어내는 '최악의 시나리오'는 순식간에 눈덩이처럼 커집니다. 그때 두려움은 감당하기 힘든 중압으로 작용합니다. 그리하여 사실이 아닌 상상의 산물로 인하여 우리의 심신은 안절부절못하게 되는 것입니다.

이는 일상에서도 웃지 못할 해프닝을 양산합니다.

일례로 장미꽃 알레르기가 있는 사람이 강연을 하던 중 연단에 놓인 장미꽃 때문에 재채기가 계속 나와서 강연을 망쳤다고 합니다. 나중에 그것이 조화로 밝혀졌을 때, 자신도 통제할 수 없었던 신체적 반응에 한 번 더 경악했다는 얘기.

자라 보고 놀란 가슴 솥뚜껑 보고 놀란다고, 조화를 생화로 착각한 그의 상상이 빚어낸 코미디였습니다.

그렇다면 어떻게 해야 두려움을 극복할 수 있을까요?

두려움에서 벗어나는 좋은 방법 가운데 하나는 두려움의 실체를 있는 그대로 파악하는 것입니다. 그러기에 《WHO》의 작가 밥 보딘이 자신의 아버지로부터 배운 탈출법은 우리가 꼭 익혀둘 만합니다.

헤드헌터 기업대표인 밥 보딘은 어느 날 아버지에게 잘 풀리지 않던 자신의 사업 고충을 털어놓았습니다. 그의 불평을 끝까지 다 듣고 난 아버지는 책상 서랍 속 조그만 카드 위에 그의 고민에 대한 답변이 적혀 있다고 일러주었습니다. 밥 보딘이 그 카드를 꺼내 보았을 때, 그 위에는 딱 한 문장이 적혀 있었습니다.

'그것은 사실이 아니다.'

"뭐가 사실이 아니라는 거죠?"

그의 물음에 아버지는 답했습니다.

"나 역시 여러 골치 아픈 걱정들과 싸워야 할 때가 있었단다. 그럴 때 항상 이 카드를 꺼내 보곤 했지. 우리 마음속에서 우리를 괴롭히는 어리석고 부정적인 생각들 대부분은 현실로 나타나지 않아. 다시 말해서 그것은 사실이 아니지. 그런 생각들이 너를 괴롭히도록 내버려 둔다면, 네 마음에 뿌리를 내려 크게 자라게 될 거다. 그렇게 되도록 내버려 둘 거니?"[10]

이 말은 밥 보딘에게 해방감을 동반한 깨달음을 주었습니다. 그는 두려움을 자아내는 부정적인 생각이 밀려올 때, 스스로에게 이렇게 말하라고 권합니다.

"누가 그런 말을 했니? 그것은 사실이 아니야."

바로 이겁니다.

"그것은 사실이 아니야."

십중팔구 이 진술은 맞는 것으로 드러나기 십상입니다. 설령, '그것'이 사실이 될 확률이 있다고 하더라도, 우리에게는 유비무환의 지혜가 있음을 신뢰할 일입니다. 철저히 대비하고 준비하면 두려움은 슬금슬금 뒷걸음질 치게 되어 있습니다.

이제
희망을 이야기하자

청춘
특권

되레 희망을 묻는 젊은이들에게　　　청춘이 희망이다. 무엇이라도 삼킬 듯한 용광로 같은 열정이 있기 때문이다. 앞에서 언급한 바 있는 중국인 유학생이 두 번째로 적어준 문구는 이것이었다.

"청년은 미래의 희망!"(青年是未來之希望)

생판 새로운 생각은 아니었지만, 이 글을 접하는 순간 나는 절로 무릎을 쳤다. 그간 젊은이들로부터 반복적으로 들었던 물음이 생각났기 때문이다.

"요즘 전세계적으로 경제상황이 좋지 않아 미래가 막막한데, 그래도 꿈을 가져야 합니까? 우리는 어디에 희망을 두어야 합니까?"

성의껏 대답은 해 주면서도, 늘 시원스럽지는 못했다. 하지만, 이제 내 답변이 보강되게 되었으니 기쁜 일이다.

우리 먼저 가는 세대는 청년 자네들이 희망이라고 철석같이 믿
고 있는데,
자네들은 되레 우리에게 희망이 어디 있느냐고 묻네 그려.
청년의 펄펄 끓는 심장이 희망이 아니라면,
도대체 그놈 희망은 어디에서 찾아야 할꼬!
허허, 청춘이 우리에게 희망을 물으면,
우리는 이제 희망을 어디쯤에서 찾아야 할꼬!

그렇다. 청춘의 심장이 뛰는 한, 그가 희망이다. 두말할 필요 없
이 청춘이 희망이다. 청춘의 뜨거운 가슴이 희망이다. 누구라도
아직 열정이 살아있다면, 그 사람이 희망이다. 육순, 칠순, 팔순을
넘기고도 여전히 팔팔한 기상을 가지고 있다면, 그가 희망이다.

청춘의 재산은 꿈이다　　　청춘은 어차피 서로가 빈털터리다. 누
가 부자냐? 꿈이 많은 사람!
꿈이 자산이다. 이 자산을 어떻게 굴려 먹느냐에 따라서 그 소
출이 결정된다. 청춘의 시기에 현실주의자가 된다는 것은 청춘을
포기하는 것!
청춘의 승부수는 꿈이다. 그러므로 환경 탓, 부모 원망, 스펙 운
운하지 말고, 꿈장이가 되라.

청춘의 꿈이 지닌 가치를 홀린 듯 관조한 시인이 있다. 바로 〈어머니〉, 〈의자〉 등 주옥과 같은 시로 국민 시인 반열에 있는 조병화 선생. 그는 자신을 찾아오는 학생들에게 직접 먹을 갈아 '꿈'이라는 글씨를 정성스럽게 써주는 것을 낙으로 삼았다고 한다. "우리 사랑하는 청춘들, 꿈을 가지시게" 하면서.[1]

여전히 그는 〈꿈〉이라는 시로써 청춘들을 좋~게 선동(?)한다.

꿈은 자기가 원하는 그 자리이려니
꿈은 자기가 이르고 싶은 그 자리이려니
꿈은 자기가 소망하는 그 자리이려니

그것은 자기가 가는 길이려니
그것은 자기가 자기를 이끌어 가는 길이려니
그것은 자기가 자기답게 사는 길이려니

아, 꿈은 자기가 자기를 찾는 길이려니
그것은 자기가 자기를 얻고자 하는 길이려니
그것은 자기가 자기와 만나고자 하는 길이려니

오, 꿈은 자기가 원하는 자기이려니

거듭 읽어보라. 처음 읽을 땐 미려하게 들려오고, 두 번째엔 고개가 끄덕여지더니, 세 번째 땐 심장이 고동치기 시작하리라. 여태 숨죽이고 있었던 꿈이 꼼지락거리고, 그리하여 꿈을 품은 청춘은 벌써 '자기가 원하는 자리'의 주인, '자기가 원하는 자기'로 '자기를 이끌어 가는 길' 위를 뚜벅뚜벅 걷게 되리라.

그렇다면 청춘의 조건은 무엇인가? 그것은 나이가 아니라 열정이다.

20세기 전반을 대표하는 거장 이탈리아의 지휘자 토스카니니는 그의 명성만큼이나 열정적인 삶을 살았다. 일생 동안 그가 다룬 레퍼토리는 53명 이상의 작곡가가 남긴 117곡 이상의 오페라와 175명 이상의 작곡가가 남긴 480곡 이상의 관현악곡으로 집계된다. 그는 죽을 때까지 무언가에 몰입하지 않고는 견딜 수 없는 그런 인물이었다고 한다. 80의 나이에 토스카니니는 이렇게 썼다고 전해진다.

"나는 분명 노인이다. 그런데 어째서 신은 17세 소년의 피로 나를 괴롭히는 것일까."[2]

80의 나이에도 17세 소년의 피는 흐른다. 만일 그에게 희망이 있다면.

떠오르는 해의 가능성　　　청춘의 다른 이름은 가능성이다. 그것도 무궁무진한 가능성! 이 가능성 앞에, 젊은이들에게는 항상 두 가지 선택의 기회가 있다. 가능성을 한껏 발휘하든지, 아니면 계속 때를 기다리면서 그 가능성의 그릇을 키우든지. 그러므로 청춘은 모름지기 자신에게 가능성을 발휘할 기회의 장이 주어지지 않았음을 탓하지 말 일이다. 아직 때가 아니라면, 계속 공부를 하면서 그 용량을 키울 일이다.

그러기에 동양의 성현들은 이런 말을 한 것이 아닐까.

> 젊어서 공부를 좋아하는 것은 막 떠오르는 해와 같고,
> 장년에 공부를 좋아하는 것은 중천에 뜬 해와 같으며,
> 늙어서 공부를 좋아하는 것은 저녁에 촛불을 밝히는 것과 같다.

절묘한 비유다. 떠오르는 해, 중천에 뜬 해, 그리고 촛불, 이렇게 기회의 곡선이 그려진다 하니, 어찌 청춘의 시간을 허비할 수 있으랴.

졸저《무지개 원리》를 읽고 어느 70대 후반의 독자가 나에게 이렇게 항의하는 것을 들은 적이 있다.

"아니, 이렇게 좋은 것을 진즉 가르쳐줄 일이지, 이제 와서 가르쳐주면 어떡하란 말입니까. 인생 내리막길인데 말이에요."

물론 공감했다는 말을 반어적으로 전해 왔다는 사실을 잘 안다. 이런 열정을 내뱉을 줄 아는 그 역시 여전히 청춘이지만, 신삥 청춘의 특권이 부러웠던 것이다.

좀 과격하게 말해서, 젊음은 못할 것이 없는 무소불위다. 그럼에도 그것을 스스로 과소평가하면서 세상을 원망하는 것, 그것이 예나 오늘이나 비극이다.

청춘의 열정은 불같은 가능성 덩어리다. 그것은 한계를 뚫는 돌파력이 있고, 스펙보다 힘세고, 불가능보다 강하다! 그러니 그 어떤 희망 콘텐츠보다 막강하고 화려한 젊음의 자산을 결코 과소평가하지 말 일이다.

19세기 영국 작가 오스카 와일드는 격정으로 말한다.

"그대에게는 이 세상에 가장 훌륭한 아군이 있지 않은가! 청춘이라는 벗이!"

피로사회의
출구

절망문화의 기세　　'피 끓는 청춘의 집합소'라 하면 딱 떠오르는 무대가 있는가? 대학 캠퍼스, 새벽 학원가, 신입사원 연수회장, 도심 속 현란한 음주가무의 밤…. 다양한 응답들이 쏟아져 나올 수 있겠지만, 대부분의 남성이라면, 군대라 답하지 않을까 싶다.

　오죽 자랑거리가 없어 그러랴만, 나는 내가 육군 '명예헌병'으로 위촉된 것을 자긍으로 여긴다. 이 명예직을 받게 된 것은 내가 2008년부터 '군자살예방' 프로그램에 적잖이 기여를 했기 때문! '절대 긍정, 절대 희망'의 정신을 열심히 퍼트리고 있던 당시 나는 군부대 사기진작특강 요청에 기꺼이 응해 주었고, 이를 안 육군헌병부대에서는 아예 자살예방을 위한 소책자 발행을 제안해 왔다. 나는 대승적으로 적극 협조하였다. 그리고 그 책자는 전군에 배포되어 부대마다 비치되거나 개인적으로도 소지되면서 전천후적으로 긍정의 백신을 살포한 것으로 안다.

성과는 어떠했을까? 나는 군부대로부터 실망스럽지 않다는 보고를 간접적으로 받았다. 그리고 자살 직전 마음을 고쳐먹은 장병들로부터 감사의 편지도 솔찮이 받았다.

하지만 나는 그 효과가 미미했음을 고백한다. 그 자체 효력이 없어서가 아니라, 요 몇 년간 우리 사회를 야금야금 잠식해 온 절망문화의 기세가 워낙 드세었기 때문이다.

자살률, 행복도, 만족도, 암발생률 등과 관련한 OECD국가통계 비교는 한국 사회와 문화의 침울한 참상을 적나라하게 드러내주고 있지 않은가. 그 극단에서 연이은 연예인들과 스포츠 스타들의 자살은 마음 약하고 선량한 소시민들의 절망심리를 자극하고 있다. 스타 1명의 자살은 평균 600건의 모방 자살을 초래한다고 하니 말이다.

저 속수무책인 절망문화의 확산을 우리는 어째야 할까? 이 물음에 직면하여, 나는 이 사회 지식층 일각에서 일고 있는 준열한 성찰에 귀를 기울여 본다. 일부 날카로운 비평가들은 이 절망문화의 주범이 바로 과장된 성취경쟁 때문이라고 가차 없는 비판을 가한다.

"지금 우린 '안 돼' 대신 '할 수 있어'란 사회에 살고 있다. '된다'

란 생각으로 가득 찼다. 이 '된다'라는 힘은 너무 강하다. '안 될 거야'란 딴죽을 걸 틈이 없다. 〔…〕 그렇게 바쁘게 사는데도 '해냈다'라는 느낌이 들지 않으면 어떻게 될까. 쉬지 않고 채찍질했는데도 말이다. 바로 현대인의 병으로 우울증이 꼽히는 이유다."[3]

학자들은 이를 뭉뚱그려 '피로증후군'이라 말한다.[4]

이들의 말에 백번 공감한다. 우리 사회문화는 지난날 오직 성공만을 향하여 질주할 것을 종용해 왔다. 이로 인해 행복, 기쁨, 사랑, 평화 등 우리네 삶의 본질적 목표가 경제 및 출세 논리에 압도되었다. 당연히 그 부작용은 피로, 과로, 좌절, 우울증 등이었던 것이고. 이런 '피로사회' 증후군엔 치유가 시급한 것이 사실이다.

불경기를 모르는 희망담론　　　일본의 어느 사찰 입구에 이렇게 써 있단다.

"화내도 하루.

웃어도 하루."

정곡을 찌르는 이 말은 여러 방면으로 확장되어 적용될 수 있다. 어차피 주어진 시간은 '똑같은 하루'인데, 기왕이면 불평 대신에 감사, 부정 대신에 긍정, 절망 대신에 희망… 이런 식으로.

이런 맥락에서 나는 '피로사회'에 방점을 찍고 있는 지식인들에게 되묻고 싶다.

"그러면, 절망이 답인가?"

이들의 의도는 그것만이 아닌 것 같다.

"절망이구 희망이구 차분히 가라앉히고 그냥 내버려 두라. 호들 갑스럽게 희망을 부추기지 말고, 희망으로 하여금 스스로 일어나 도록!"

아마도 이쯤이 아닐까. 설득력 있는 입장이다.

그렇다면 피로사회의 출구는 무엇인가? 나는 여기서 그 대안 가운데 하나로서 차분한 희망담론을 제시하고자 한다. 다 뭉뚱그 려 '전진 일변도의 희망선동을 폐기하자'라는 생각 역시 균형을 잃 은 견해이기 때문이다. 요컨대, 무책임한 희망 부추기기가 아니라 있는 그대로 희망원리 자체의 발견! 이것을 꾀해 보자는 얘기다. 그래 나는 스스로의 동의를 얻을 요량으로 혼자 중얼거려본다.

"희망 자체의 다이내믹에 대한 과학적 · 심리적 진술, 역사의 검 증을 받은 희망 이야기에 대한 귀납적 진술, 그거라면 괜찮지 않 을까!!!"

아무렴. 이런 희망이라면 한번쯤 가져볼 만하지 않은가? 기왕 누구에게나 주어진 똑같은 하루라면.

《신곡》의 저자 단테는 지옥의 입구에 어떤 간판이 걸려 있을까

하고 상상했다. 그는 이런 글이 적혀 있을 것이라고 기발하게 착상했다.

"일체의 희망을 버려라."

이 말은 지옥의 적확한 정의이면서, 동시에 희망이 없는 현실을 극적으로 표현해 주는 경종이다. 더 이상 희망이 없는 곳이 바로 지옥이라는 말이다. 그렇다면 반대로, 희망이 넘치는 곳, 그곳이 바로 파라다이스라는 얘기가 된다.

이런 까닭에 나는 어떤 반론에도 굴하지 않고 노상 나의 희망철학을 외쳐댄다.

"역사 이래 꿈 시장에 불경기란 없었다!"

그렇지 않은가. 경제일선의 불경기 때, 사람들에게 더욱 필요한 것은 꿈이다. 호경기 때는 또 그 상승의 붐이 꿈을 부채질한다. 이러기에 나는 꿈을 기죽이려는 이 세상의 음모(?)에 대한 저항으로 저 말을 만들어냈다. 이 말이 2,000년 후에도 사람들 입에 오르내렸으면 좋겠다. 그렇게만 된다면 나는 무덤에서도 벌떡 일어나 기뻐하리라.

희망 다이내믹을 작동시켜라　　　희망에는 자체 다이내믹이 있다. 희망 안에 내재된 힘! 이 힘을 이용하는 것이야말로 지금 우리에게 필요한 지혜다.

어떻게? 나는 어느 기회에 '지금 이 시간 절망에 빠진 고독한 영혼'을 위하여 편지글을 써서 띄운 적이 있다. 제법 오래된 글이지만 오늘 지친 우리에게 응원이 될까 하여 그대로 싣는다. 이랬다.

혹은 자의로 혹은 타의로, 혹은 무료함으로 혹은 고뇌로, 지금 회색빛 호숫가를 서성이고 있는 그대여!

그대에게 내가 무슨 말로 희망을 줄 수 있겠소. 그대가 "희망은 없다!"고 단정해 버리면 어떤 말이 그대를 위로해 줄 수 있겠소.

우리는 우리가 내린 선고에 밀려 스스로를 절망이라는 이름의 천형에 묶어두고 있는지도 모릅니다.

이럴 땐, 적당한 위로가 아니라 추상같은 일갈이 명약입니다. 그런 의미에서 나의 희망멘토 엠마 골드만의 시를 그대를 위한 불호령으로 전합니다.

"만약 그대가 절망에 빠져 있다면 그럴 때는 어떻게 해야 하는가!

끊어진 희망을 다시 이어야 한다.
잃어버린 희망을 다시 찾아야 한다.
무엇인가를 소망해야 하고 무엇인가 희망해야 한다.

생각하면 가슴 떨려 설레이는 그 무엇인가가 있어야 한다.

그래서 그것만 생각하면 힘이 솟고 용기가 생겨서

삶에 의욕이 넘쳐야 한다.

희망이 있는 사람은 행복해 보인다.

얼굴이 밝고 활기가 넘치고 항상 최선을 다하게 된다.

나는 과연 무엇을 희망하고 있는지 스스로에게 물어보자.

혹시 내가 희망도 없고 꿈도 없이

하루하루를 살아가는 사람은 아닌지 생각해 보자.

희망이 없는가? 소망이 없는가? 꿈이 없는가?

그러면 만들어야 한다. 반드시 만들어야 한다. 꼭 만들어야

한다.

너무 절망스러워 도저히 희망과 소망이 없어 보일지라도 찾아보

고 또 찾아야 한다.

그래도 없다면 억지로라도 만들어야 한다.

왜냐하면 더 이상 꿈을 꿀 수 없음은 죽음을 의미하는 것이기 때

문이다."[5]

희망이 소진한 듯 느껴질 때, 나는 곧잘 그의 시를 읽습니다.

얼마나 생동감 넘치는 권고입니까.

내게는 호소로, 급기야는 거역할 수 없는 명령으로까지 들립니다.

그가 반복해서 강조하고 있는 '반드시', '꼭', '또', '억지로'에는 우리를 향한 사랑이 담뿍 담겨 있습니다.

그가 왜 저렇게 격정적으로 희망을 강조하는지 어렴풋이 알 듯도 합니다. 역사를 더듬어 보면, 인류가 끔직한 재앙과 시련을 견뎌낼 수 있었던 것은 전적으로 희망 덕이었습니다. 오직 희망으로 우리의 인생선배들은 온갖 위기에서도 살아남았고 오늘 우리가 누리는 문화를 만들어냈던 것입니다. 그러니 희망이 있는 한 우리 인생에도 미구에 무지개가 뜰 것입니다. 엠마 골드만이 역설하듯, 반드시!

참고로 밝히건대, 나는 평소 시를 좋아한다. 특히 고뇌와 사색이 응축되어 있는 시를 애송한다. 운 좋으면 시 한 줄에서 두꺼운 책 한 권 읽은 것보다 더 큰 깨달음을 얻을 수도 있다. 그러기에 책을 쓰면서도 정말로 중요한 말을 독자들에게 해 주고 싶을 때는 나에게 상큼한 각성을 일으켰던 시를 읊어주고 싶어진다.

아무거나 붙잡고
희망이라고
우겨라

나폴레옹의 큰소리　　　나폴레옹! 그는 만년 모든 것을 잃고 남대서양에 떠 있는 외딴섬 세인트 헬레나에 유배되어 있을 때 이런 말을 했다고 한다.

"나에게는 아직도 비장의 무기가 남아있다. 그것은 희망이다!"

나폴레옹스런 명언이다. 더 이상 비상구를 찾을 수 없는 극단적인 궁지에서도 그는 '희망'을 놓지 않았다. 그가 고집하는 바와 같이 희망은 피할 수 없는 생존의 싸움에서 우리에게 남아있는 마지막 가능성이다. 희망은 실패와 좌절에 직면하여 우리가 딛고 일어설 최후의 보루다.

극한의 상황에서는 희망을 붙잡는 것 자체가 가장 큰 희망이 된다. 앞서 언급했듯 희망은 그 자체로 다이내믹을 가지고 있기 때문이다. 우리가 다른 데서 힘을 얻는 게 아니라 희망 덩어리에서 힘을 얻는다는 것이다.

놀랍지 않은가. 그동안 우리는 생각을 잘못했던 것! 절망의 상황에서 희망할 이유만 자꾸 찾아댔으니 말이다. 그런데 절망의 상황에서는 우리가 희망할 근거가 없다. 그때는 희망의 힘으로 가야 하는 것이다.

'희망'의 종결자　　본격적으로 내가 대학생들과 교감을 갖게 된 것은 대학생들이 즐겨 읽는 한 주간지와의 인터뷰를 통해서였다. 그날 장시간에 걸친 학생 기자와의 인터뷰는 캠퍼스의 그것만큼이나 싱그러웠다. 하지만 질문에서 대학생들의 처절한 고충이 거칠게 묻어났다. 그날의 대담이 잡지에는 이렇게 실렸다.

> 기자: [⋯] 그의 책에 나온 통찰 중 계속 마음에 남았던 것이 바로 시간과 의지에 관한 것이다. '얼마나 버텨서 어디까지 갈 수 있을까. 의지계발이 필요하다.' 그래서 우리가 의지박약인데 어찌해야 하느냐를 물었는데, 뜨끔한 대답이 되돌아왔다. 이 지면을 빌려 함부로 '우리'라 지칭한 데 대해 독자들께 사과하고 싶다. 어쨌든 나의 정체성은 낙관론자도 비관론자도 모두 싫어하는 계몽주의자에 가까웠던 것이다.
>
> 차 신부: "그런데 나는 거꾸로, 감탄의 감탄을 금치 못해요. 처음

에는 젊은이들이 의지를 가지고 있지 않다고 생각했어요. 그런데 뉴스에 나오는 연예인들도 그 어린 나이에 뭘 안다고 그렇게 굶고 그렇게 15시간씩 춤을 춰대고, 그 훈련을 할 수 있는 거. 이건 본인도 모르고 있던 자신의 가능성이라고. 하다못해 노는 애들도 거기서 엄청난 의지력을 발휘를 하더라. 우리 수능만 봐도 이게 방향전환만 되면 의지력이죠.

청년층 젊은이를 보면 흥분돼요. 예전엔 이 마음이 없었어요. 그런데 요즘은 '나는 왜 아버지 본능이 나오지. 나는 자식이 없는데'라는 생각이 들어요. 아버지 본능이 뭐냐면, 잔소리를 해 주고 싶은 거야. 내 인생도 그랬고 메시지는 똑같애. 결국 승부수는 꿈이다. 머리 좋은 거요? 재능 좋은 거? 1등, 2등? 꿈보다 약해. 성적이 떨어져도, 좋은 학교 못 갔어도, 혹시 뭐 이번 수능에도 밀렸어도, 꿈을 강력하게 가지는 애가 최고가 될 수 있어요. 꿈의 에너지가 최후의 승자. 난 그거 확신해요."〔…〕

기자: 고백하건데 '우리가' 우울하다고까지 했다. 차동엽 신부께서 너무 진지하게 되물어 깨닫게 된 반성이다. 다음 인터뷰 때까지 계몽주의에서 낙관론자로 전향할 것을 맹세하면서, 그래도 물었으니 기분이 우울하면 어떻게 해야 하는지 들어보자. 그가 낙관론자로서 가장 빛나는 답을 남겼으니.

차 신부: "하나만 얘기할 수 있어요. 아 근데, 우리 젊은이들이 우울해요? 그렇게 많이? 우울에 치료약은 희망이에요. 사람들

이 왜 우울하냐, 앞이 안보이니까 우울할 거 아니에요. 근데 그게 무슨 희망이냐고 하면, 근거 없는 희망. 헛소리라도 하고 살으란 말이야. '야, 내가! 뭐 두고 봐, 잘 될 거니까!' [⋯]"[6]

구어체로 늘어놓듯 말을 해 놔서 정돈은 덜 된 문장이다. 하지만 지금에 와서 다시 읽어도 알갱이는 실하게 전달되었다. '근거 없는 희망', '헛소리', 이런 표현들은 내 희망철학의 핵심요소다. 여기서 진일보한 것이 바로 "아무거나 붙잡고 희망이라고 우겨라!"라는 다소 우악스런 나의 권면이다.

재작년쯤, 이름만 대면 다 아는 어느 목회자가 설교 중에 내 말을 인용하더라는 얘기를 들었다. "뭐라고 하시더냐"고 물었더니 대충 이랬단다.

"아무거나 붙잡고 희망이라고 우기세요!

이는 본래 차동엽 신부가 한 말입니다. 나 역시 동감입니다. 희망이 안 보일 땐, 아무거라도 붙잡아야 합니다. 그리고 그것이 희망이라고 우겨야 합니다. 왜냐? 희망만이 희망이기 때문입니다. 희망, 이것이 우리가 아무것도 희망할 수 없을 때 잡을 수 있는 유일한 희망입니다."

수십 년간 희망을 연구하고 희망을 설파해 온 분으로서 한참 후배격인 사람의 말을 인용한다는 것은 그 자체로 고무적인 일이다.

그가 그럴 수 있었던 것은 대인배였기 때문인 동시에 이 말이 희망에 관한 말 가운데 가장 센 말, 종결자이기 때문이기도 하지 않았을까! 아전인수 격으로 생각해 봤다.

나는 저 말을 강의와 저술에서 수없이 반복했다. 희망에 관한 한 최후의 진술이기 때문이다. 반갑고 고맙게도 많은 사람들이 저 말에 맞장구를 쳐주고, 외워서 자신의 말로 삼기도 했다.

희망은 우격다짐　　나는 저런 발상의 영감을 유대인에게서 얻었다. 유대인은 희망에 관한 한 타의 추종을 불허하는 민족! 그들은 나라 없는 민족으로 전세계에 흩어져 나그네로 산 지 어언 2,000년이 되어가지만, 전혀 주눅 들지 않고 악조건을 버텨낸 것도 모자라다는 듯 오늘날 가장 우수한 민족으로 인정받고 있다.

그들은 '희망'을 틱바(tikvah)와 야할(yachal)이라 부른다.

틱바(tikvah)는 희망을 뜻하는 제일 기초적인 단어로, 원래 '밧줄'을 뜻했다. 이 단어가 왜 '희망'이란 단어로 바뀌었을까? 우리의 경우를 먼저 생각해 보자. 궁지에 몰렸을 때 사람들은 이렇게 말한다.

"지푸라기라도 잡는 심정으로….."

전래동화 중에는 어려움에 처해 "동아 밧줄이라도 내려주세요"라고 하늘에 기도하는 이야기도 있다. 절망한 사람에게는 흔히 이런 위로의 말을 건네기도 한다.

"희망의 끈을 놓지 마세요."

이런 것들을 보면 당시 이스라엘은 우리와 비슷한 문화적 배경을 갖고 있었던 듯하다. 그네들이나 우리나 '희망'을 상징하는 표상으로 '밧줄'을 연상하였으니 말이다. 희망은 이렇게 붙잡고 늘어지는 것이다.

다음으로 야할(yachal)은 '희망하다'를 뜻하는 동사인데 내용적으로는 몸부림치는 희망을 가리킨다. 이는 도저히 '희망'이라는 말이 나올 수 없는 상황에서도 뭔가를 붙잡고 우격다짐으로 희망을 주장하면서 집요하게 버티는 것을 가리킨다. 한마디로 '우긴다'는 뜻이다. 희망은 이런 것이다. 쉬울 때 희망하면 싱겁다. 어려울 때 억지로 희망하는 것, 그것이 진짜 희망이다.

이 단어를 처음 접했을 때, 나는 감전되는 듯이 깨달았다.

"맞아, 희망은 우기는 거야! 우길 것이 없는 미래기대는 '전망'이나 '예상'이라 부르지, '희망'이라고 부르지는 않잖아."

여기서 나는 희망원리를 깨달았다. 이후 내가 앵무새처럼 반복해서 강조하는 나의 희망철학 요지는 앞에서 언급한 대로다. 아무거나 붙잡고 희망이라고 우겨라!

우리는 어떤 상황에서건 우겨서라도 희망을 말하는 지혜를 발휘할 줄 알아야 한다.

사람들이 "망했어!"라고 말할 때 우리는 희망의 이름으로 우겨야 한다. "안 망했어!"

"너 죽었어!" 할 때는 "안 죽었어!", "너 끝났어!" 할 때는 "안 끝났어!", 이렇게 우리의 우기기 희망은 계속되어야 한다.

이는 공허한 어깃장이 아니다. 사실, 희망은 이미 있다. 단지 보지 못하고 있을 뿐이다. 보는 눈이 없으면 눈앞에 희망이 있어도 보지 못한다. 희망은 볼 줄 아는 사람의 몫이다.

뒤집어 보라. 희망이 숨어 있을 것이다.
멀리 보라. 희망이 아스라이 보일 것이다.
폭넓게 보라. 희망이 옆구리를 드러낼 것이다.
꿰뚫어 보라. 희망이 바닥에서 꿈틀거릴 것이다.

그러기에 보이지 않아도 일단 "있다"고 믿고서 박박 우기라는 얘기! 그러면 그놈이 슬슬 얼굴을 디밀 테니까.

괜찮다 괜찮다   희망 꼬투리가 잡히지 않을 땐?

　일부 지식인들이나 태생 비관론자들은 "아무거나 붙잡고 희망
이라고 우겨라"라는 말에 거부감을 보인다. 그들은 격하게 반문으
로 반론한다.
　"아무거나? 어떻게 '아무거나'가 희망이 될 수 있단 말인가? 궤
변이다. 희망의 꼬투리가 잡히지 않으면, 그냥 상황에 승복하고 절
망하는 것이 순리 아닌가?"

　나는 이 말에 대한 답변을 독일 시인 실러의 시 한 조각에서 발
견합니다.

　　비록 힘없는 하찮은 존재라 하더라도 꿈을 가질 때

　　얼굴은 밝아지고 생동감이 흐르며

　　눈에는 광채가 생기고, 발걸음은 활기를 띠고

　　태도는 씩씩해지는 것이다.[7]

　실러는 이 짤막한 시로 희망 '콘텐츠'가 아닌 희망 '아우라'를 노
래했습니다. 이제 그는 시인이 아니라 철인(哲人)이며 현인(賢人)
이며 깨달은 자입니다. 꿈 자체가 발산하는 생동감, 광채, 활기,

그리고 자신감! 이는 누구도 부인할 수 없는 자연현상임을 실러는 마치 과학자가 원리를 발견하듯이 포착해 냈던 것입니다.

연초에 TV에서 어느 의과대학 정신과교수의 인터뷰를 본 일이 있습니다. 그는 현대인이 많이 앓고 있는 스트레스 증상, 우울증, 자살충동 등을 전문적으로 상담해 주는 것으로 권위를 인정받은 사람이었습니다. 그런 역할을 하면서 가장 힘들 때가 언제냐는 물음에 그는 이렇게 답했습니다.

"혼신을 다 쏟아 상담과 치료를 해 왔던 환자가 자살했다는 소식을 접했을 때입니다. 그럴 땐 순간적으로 다리에 힘이 쫙 풀리고, 아무것도 할 수 없는 상태가 됩니다. 다시 심기일전하여 일로 돌아오는 데 며칠 걸립니다…."

그의 얘기를 듣자니 불쑥 든 생각이 '저기 나와 비슷한 사람이 또 있네'였습니다.

한때 내게 여성잡지 인터뷰 요청이 유난히 많았습니다. 2008년 글로벌 금융위기 이후 희망특강을 많이 하고 있을 때는 여지없이 날아드는 물음 하나가 있었습니다.

"늘 희망을 가지라고 강조하시는데, 신부님은 절망할 때가 없나요?"

"물론 있지요."

"언제요?"

"나에게 어떤 절망한 사람이 희망을 얻으려고 찾아왔는데, 돌아가는 모습에서 여전히 절망이 떨쳐지지 않은 듯할 때요."

액면 그대로가 아니라 이를 테면 그런 식이라는 말입니다. 그러면 대체로 공감 반 미소 반의 표정에서 질문이 이어집니다.

"그럴 땐 어떻게 하시나요?"

"순간적으로 절망감이 덮치지만, 금세 몰아냅니다."

"어떻게요?"

"희망으로요."

"……."

말장난 같기도 하고 좀 싱거운 듯도 한 이 대화에는 사실 엄청난 비밀이 숨겨져 있습니다. 희망 안에 숨겨진 신비한 힘, 이것을 알게 되면 사실 우리는 어떤 난관도, 절망도 이겨낼 수 있게 됩니다! 유일하게 나에게 절망을 안겨주는 이 경우에도, 나는 희망의 힘을 활용하는 것입니다. 그렇습니다. 내가 요즘 젊은이들을 보면서 안타까움을 금치 못하는 것은, 바로 이 힘 자체를 깨닫지 못하고 있다는 사실입니다. 희망에는 힘이 있습니다. 그런데 대부분의 사람들은 이를 까마득히 모른 채 절망에 휘둘리고 있으니 안타까운 것입니다.

희망의 역동, 희망 다이내믹, 희망 모멘텀….

어떤 이름으로 불러도 좋겠으나 여하튼 희망 자체에 엄청난 힘이 내재되어 있습니다. 그러기에 희망이 있어서 희망을 가지라는 것이 아니라, 희망이 없기에 '희망' 자체가 지니는 힘을 빌려서 힘을 내라는 것입니다.

왜 그런가요? 한번 차분히 생각해 봅시다. 지금 내 앞에 객관적으로 절망스런 상황이 전개되고 있다고 칩시다. 이럴 경우 나에게 3가지 선택의 기회가 주어집니다. 관망, 절망, 희망, 이렇게 셋!

그런데 그 결과는 판이합니다.

'관망'은 사태를 주시하면서 추이를 무심하게 관찰하는 것을 가리킵니다. 딱 중간, 중립적 입장입니다. '관망'을 택하면 상황은 그대로 일의 풀려나감에 따라서 좋아질 수도, 나빠질 수도 있습니다.

'절망'을 택하면 어떻게 될까요? 순간적으로 다리가 쫙 풀리면서 의욕이 생기지 않습니다. 사기가 떨어지니, 일이 순순히 풀릴 기미가 있어도 악영향을 끼칠 따름입니다. 엎친 데 덮친 격으로 사태의 악화를 부채질할 따름!

하지만 '희망'을 택하면 얘기는 완전딴판으로 바뀝니다. 희망은 주먹을 불끈 쥐게 하고, 없던 기운을 모으고, 주변의 도움을 끌어들입니다. 고집스럽게 희망을 놓지 않으면 결국 이 희망 에너지가 기적을 일으키기 다반사입니다. 이런 이유로 나는 희망에는 내재적인 힘이 있다고 힘주어 말합니다.

요약해 봅시다.

관망은 딱 중간입니다. 관망의 자세를 견지하는 것만으로도, 기회는 여전히 살아있습니다.

절망은 최악의 선택입니다. 절망은 돌이킬 수 없는 사태를 가져오는 지름길이며, 극단적인 비극을 초래하는 주범입니다. 아직 남아있는 기회마저 절망으로 인하여 날아가 버리는 꼴이 되고 맙니다.

희망은 최선의 선택입니다. 희망은 최악의 상황도 뒤집을 수 있는 마력을 지니고 있습니다.

윌리엄 셰익스피어는 역시나 무명(無明)을 뚫는 혜안으로 희망의 역동을 간파했습니다.

"진실된 희망은 빠르고, 제비 날개를 타고 날아간다오. 희망은 왕을 신으로, 왕보다 못한 피조물들은 왕으로 만든다오."

절망은
껍데기일 뿐

알맹이 없는
절망

절망이 낯선 아이들　　　얼마 전 6살배기 고아를 탈북시키는 과정을 TV다큐로 보았다. 치밀하게 연출된 그 어떤 영화 장면보다도 더 극적이었다. 주인공 사내아이는 엄마가 병들어 죽는 모습과 아빠가 자살하는 비극적인 장면을 자신의 두 눈으로 보았다고 한다. 아무도 돌보아줄 사람이 없게 되자 쓰레기를 뒤지며 거지꼴로 연명하다가 인도적인 가슴을 지닌 사람들 눈에 띄어 그들의 도움으로 국경을 넘게 된 것이다.

　내가 놀랐던 것은 그 아이의 해맑은 표정이었다. 기아로 배가 퉁퉁 부어 있었고, 발은 동상에 걸려 있었지만, 절망의 기색이라고는 찾아볼 수 없었다.

　물론 순간순간 절망이 찾아왔겠지. 그러나 아이는 그 절망이 전혀 낯선 타인이었기에 그를 맞아들이지 않았던 것이다. 절망은 이내 되돌아 갈 수밖에 없었던 것이고. 그렇다. 어른들은 절망에 익숙하지만, 아이들에게는 아직 절망이 낯설기만 하다. "어린이는 어른의 아버지"라는 시인 윌리엄 워즈워스의 말은 옳다.

어느 날 한 남자가 회사 일을 마치고 차를 몰며 집으로 돌아가던 중, 집 근처 공원에 잠시 차를 세웠다. 그곳에서 벌어지고 있던 동네 꼬마들의 야구경기를 구경하기 위해서였다. 남자는 1루 수비수에게 현재 스코어가 어떻게 되느냐고 소리쳐 물었다. 아이는 웃으면서 대답했다.

"우리가 14대 0으로 지고 있어요."

남자가 말했다.

"그렇구나! 그런데도 넌 그다지 절망적으로 보이지 않는 걸?"

그러자 아이가 뜻밖이라는 듯 되물었다.

"왜 우리가 절망적이어야 하죠? 우린 아직 한 번도 공격하지 않았는데요."[1]

멋진 말이다.

"우리도 공격하면 14점쯤이야…."

이것이야말로 우리들이 배워야 하는 삶의 자세가 아닐까.

절대 긍정, 절대 희망 우리가 슬퍼해야 할 것은 어른들이 자라나는 세대에게 절망을 학습시킨다는 사실이다. 거침없고 씩씩했던 청춘들이 '어른'이 되는 과정에서 제일 먼저 배우는 것이 절망이 아닐까. 배우는 속도는 그야말로 LTE급!

그리하여 청춘들은 시험에 떨어졌다고 해서, 인간관계가 깨졌다고 해서, 구직에 실패했다고 해서 금세 절망의 나락에 떨어진다. 이것이 OECD국가 가운데 자살률 1위를 줄곧 유지하는 원인으로 작용하기도 한다.

정작 배워야 할 것은 덜 배우고, 모방하지 말아야 할 것은 기어이 모방하는 이 비극을 우리는 단연코 뒤집어야 한다.

이를 위한 가장 강력한 무기가 '절대 긍정, 절대 희망'의 정신이다. 나는 이 말을 7년 이상 기회 있을 때마다 반복해서 떠들고 다녔다. 그랬더니, 이제는 다른 이의 책 제목에서도 광고카피에서도 곧잘 만나는 일이 생겼다.

절대 긍정과 절대 희망의 신념! 그것이 나에게 반드시 좋은 결과를 가져올 것이라는 확신! 일찍이 인생고수들은 그 경지를 넘나들 줄 알았다.

전쟁에서 패한 어느 장군이 알렉산더 대왕 앞에 엎디어 여러 가지 변명을 늘어놓았다. 적의 숫자가 예상을 훨씬 뛰어넘었고, 익숙지 않은 지형조건도 한몫했으며, 무기와 식량 보급도 충분치 못했다는 것이다.

장군의 말을 다 듣고 난 대왕이 말했다.

"장군은 가장 중요한 이유를 빠트린 것 같네."

의아한 표정을 짓는 장군에게 대왕이 말을 이었다.

"장군이 그 전쟁을 승리할 수 있다고 믿지 않았던 것 말일세."[2]

절대 긍정의 정신을 몰랐던 장군이 패전의 불명예를 얻을 수밖에 없었던 것은 자명한 결과였다. "여든에 죽어도 핑계를 댄다"라는 속담이 있듯이 누구에게든 변명거리는 있기 마련이다. 절대 긍정은 수천수만의 변명거리를 묵살한다. 그래야 절대 긍정이다.

절대 긍정 앞에, 절망은 없다!

절망은 거짓이다　　절망 가운데 가짜가 있다. 본래 절망할 일이 아닌데도 잘못된 인식이나 판단 때문에 '가짜 절망'에 빠질 수 있다는 말이다. 지금 나 자신이 절망감, 우울감, 무기력감 등으로 인해 힘들어하고 있다면, 한번 그 실체를 들여다보라. 가짜일 확률이 높다. 의외로 가짜 절망이 주범인 경우가 허다한 것이다.

이 가짜 절망이 희망을 가리고, 가두고, 짓누른다. 절망의 순간, 자신의 절망을 한번 점검해 보라. 그것이 진짜 절망인지 아니면 속아서 느끼는 가짜 절망인지 정확히 파악하라. 그러면 저절로 가짜 절망에 갇힌 희망이 손짓할 것이다.

절망의 속임수에 빠지지 않으려면 현실을 새로운 눈으로 직시할 줄 알아야 한다. 일본의 유명 베스트셀러 작가인 나카타니 아키히로는 그의 저서에서 이렇게 적시한다.

"지금 당신이 부딪친 벽은 무엇인가? 추상적으로 생각하지 말고 구체적으로 말해 보라. 많은 사람들이 벽에 부딪쳤다는 말을 입버릇처럼 사용하지만 막상 벽에 부딪친 사람은 그리 많지 않다. 왠지 벽이 있을 것 같아 쭈뼛쭈뼛하면서 움직이지 않은 것에 대한 변명에 불과하다. 정말로 벽에 부딪쳐서 벽을 온몸으로 느끼는 이는 행복한 사람이다. 세상에는 벽에 부딪쳐보지도 못하고 인생을 마감한 이가 많기 때문이다."[3]

그의 표현대로 진짜로 '벽'에 부딪친 사람도 있음을 부인할 수 없다. 하지만 대부분의 경우 우리는 아직 벽에 부딪치지도 않고 엄살을 부리기 일쑤다. 만일 누군가가 "나는 벽에 부딪쳤어!"라고 말한다면, 그 말은 모순이다. 왜? 그가 진짜로 벽에 부딪쳤다면, 그는 그 말을 할 수 있는 기회조차도 박탈당했을 것이기에.

절망의 유혹은 무섭게 집요하다. 이것으로 안 되면 저것을 가지고 와서 우리의 고요를 흔들어댄다. 절망이 우리를 넘어뜨리는 전형적인 수법 가운데 하나가 속단이다.

토머스 에디슨은 말한다.

"인생에서 실패한 사람들은 대부분, 그들이 포기하는 그 순간 자신이 성공에 얼마나 가까이 다가왔는지 깨닫지 못한다."

한마디로 골대 앞에서 넘어지는 격이다. 이런 일이 우리에게는 적잖이 발생한다.

성급하게 체념하거나 포기하지 마라. 절대 결론을 내리지 마라. 어떤 일에 대해서도 어떤 사람에 대해서도 결론을 내리지 마라. "이 일은 이제 글렀어. 여기가 끝이야"라고 체념하지 마라. "그는 안 돼"라고 꼬리표를 달지 마라!

만들어진
절망

절망을 파는 사람들　　"나는 광고지를 읽지 않는다. 그것을 읽으면 종일 부족한 것을 생각하게 되고 그것을 원하게 될 테니까!"

인간 운명의 부조리와 인간 존재의 불안을 통찰한 프란츠 카프카의 말이다.

그가 간파한 것은 무엇인가? 바로 상업주의의 속임수다. 누구나 알고 있듯이, 현대 상업주의는 우리 안의 과잉욕망을 부추긴다. 텔레비전, 라디오, 신문, 잡지, 인터넷, 거리의 광고판, SNS 등 하루에도 수천수만 가지 방식을 동원하여 우리에게 전하려는 메시지는 이것이다.

"당신은 충분히 아름답지 않아요. 당신은 충분히 누리고 있지 못해요. 당신은 충분히 갖고 있지 않아요…. 때문에 행복해지려면 아직 멀었지요."

이러한 메시지가 내면에 잠자고 있던 욕망을 충동한다. 그러기에 예컨대 텔레비전에서 '궁전 아파트' 광고만 나오면 갑자기 내가 살고 있는 아파트가 초가집처럼 보이는 것! 바로 '가짜 절망'의 구렁에 빠지는 것이다.

이러한 현상을 빗대어 꼬집는 신조어가 바로 어플루엔자(affluenza)라는 단어다. 이 말은 풍요로움을 뜻하는 어플루언트(affluent)와 유행성 독감을 뜻하는 인플루엔자(influenza)의 합성어로서 '풍요의 욕망을 전염시키는 독감'으로 번역될 수 있다. 곧 소비지상주의가 탐욕병을 일으켜 결과적으로 과중한 업무와 빚, 근심과 걱정을 떠안게 한다는 것이다. 한마디로 '만들어진 절망'이다.

부추겨진 절망　　　그뿐이 아니다. '부추겨진 절망'도 있다. 절망을 부추기는 가장 큰 주범은 '비교'다.

우리 나라는 전세계에서 가장 남을 많이 의식하는 나라에 속한다. 우리는 어려서부터 늘 남과 비교하며 등수를 매기는 문화 속에서 자라났다.

게다가 '집단주의'적 성향도 강하여, 꼭 경쟁자를 의식하여 따라잡아야 직성이 풀리고, 유행을 좇아 해야 뒤처지지 않는다는 안도감이 생긴다.

한때 젊은이들 사이에 '엄친아'와 '엄친딸'이라는 말이 유행했다. 문제는 얼굴 한 번 본 적 없는 사이임에도 불구하고 끊임없이 그들과 비교 당한다는 것이다.

"엄마 친구 아들이 이번에 ○○대학에 합격했다더라."

"엄마 친구 딸이 ○○기업에 우수한 성적으로 취업되었다더라."

대부분의 사람들은 태어나면서부터 그들이 원하든 원치 않든 간에 비교 '당한다'. 문제는 그 허락되지 않은 '비교 당하기' 탓에 어느 순간 자신도 모르게 자신과 타인을 비교 '한다'는 데 있다.

그런데 내가 가진 행복을 보지 못하고 남이 가진 행복만을 귀히 여기고, 배 아파하는 것만큼 미운 이가 또 있을까. 안타깝게도 많은 경우에 우리는 이 비교가 불러오는 가짜 절망에 쉽사리 빠져 버리고 만다.

비엔나 유학 시절의 일이다. 당시 한국에서 상당수 간호사들이 독일어권으로 취업하여 이주해 와 있었다. 비록 생계를 위한 것이었지만 국제 취업을 할 정도로 선발되어 왔다면 아주 유능한 인재들임에는 틀림없었다. 그런 그들이 독일어권 오스트리아에 와 고생도 하고 힘든 일도 참아오면서 이제는 어엿하게 자리 잡았다. 그 가운데는 전원주택도 마련해서 행복하게 잘 살아가고 있는 이들도 있었다.

나는 그들과 잘 알고 지냈는데 한번은 이런 일이 있었다. 한 분이 모처럼 한국에 다녀왔는데 그 뒤부터 이상하게 줄곧 시무룩해 있었다. 자초지종을 물으니 다음과 같은 대답이 돌아왔다. 여고동창생들을 만났는데 자기보다 공부 못했던 애들이 시집은 잘 가서 유럽 집값에 비해 2~3배는 족히 넘을 비싼 아파트에서 떵떵거리며 살더라는 것이었다. 참고로 말하자면 오스트리아의 부동산 가격은 비교적 안정되어 있기 때문에 한국보다 훨씬 헐한 편이다. 어쨌든 그 지인은 동창들의 말을 듣고서 "나는 외국에서 뼈 빠지게 일했는데…. 누구는 남편 잘 만나 이런 호화 아파트에서 살고, 나는 고작 전원주택의 삶이란 말인가" 하며 절망만 안고 돌아왔다는 것이다.

과연 이 절망은 진짜 절망일까.

내용적으로 볼 때, 한국인의 선망의 대상이 누구인가? 바로 전원주택에 사는 사람들 아닌가. 그리고 오스트리아는 먹거리 자체가 한국의 웰빙 식단에 해당할 만큼 품질이 우수한 편이며, 고품격의 문화상품들이 즐비한 곳이다. 그런데도 불구하고 이 간호사는 실속도 없는 '집값'의 차이에 절망을 가득 안고 돌아왔던 것! 그녀에게 절망을 안겨준 그 '전원주택'은 사실 저들이 꿈꾸는 희망이었는데도 말이다.

상대적 박탈감?　　　비교의식과 집단주의적 문화가 합하여 조장한 것이 '상대적 박탈감'이다. 이것이 극단적으로 심해질 때, 없었던 절망이 슬금슬금 생겨난다.

부에 대한 상대적 박탈감은 '반(反)부자 정서'로 이어진다. 항상 100만 원을 더 벌 때마다 행복해지는 것은 아니라는 연구 결과가 있다. 400만 원 이상 올라가면 더는 행복도에는 도움 되지 않는다는 결론이다.[4] 그뿐 아니라 부자의 행복도는 일반인의 행복도보다 오히려 낮은 걸로 나왔다. 그럼에도 불구하고 사람들은 부자들만 보면 '상대적 박탈감'에 휘둘린 나머지, 자신의 처지를 괴로워하면서 그들에 대해 반감을 품는 경향이 강하다고 한다. 잘못된 비교가 낳은 불행이다. 그리하여 이는 치유가 녹록지 않은 사회적 재앙이다.

이렇듯이 거의 모든 절망이 정확하게 진실에 입각하고 있는 것이 아니라, 선동이나, 조장이나, 왜곡으로 인해 만들어진 절망인 것!
그러므로 궁극적으로 우리에게 필요한 것은 그런 것들에 속지 않는 인식의 전환이다.

여기 멋들어진 희망이 있다. 상대적 박탈감? "그런 거 나는 몰라" 하며 오로지 자신이 누릴 수 있는 행복의 분량을 한껏 즐기겠다는 소박한 욕심으로 사는 시인. 바로 나태주 시인의 〈희망〉이란 시다.

날이 개면 시장에 가리라
새로 산 자전거를 타고
힘들여 페달을 비비며

될수록 소로길을 찾아서
개울길을 따라서
흐드러진 코스모스 꽃들
새로 피어나는 과꽃들 보며 가야지

아는 사람을 만나면 자전거에서 내려
악수를 청하며 인사를 할 것이다
기분이 좋아지면 휘파람이라도 불 것이다

어느 집 담장 위엔가
넝쿨콩도 올라와 열렸네
석류도 바깥세상이 궁금한지
고개 내밀고 얼굴 붉혔네

시장에 가서는

아내가 부탁한 반찬거리를 사리라

생선도 사고 채소도 사 가지고 오리라.[5]

　소소함을 만끽하고자 하는 시인의 비움이 오히려 여유롭게 보이지 않는가.

절망을
선동하는
말

법정에 서야 할 사람들　　영국과 남아프리카의 네덜란드 이주민들 사이에 벌어진 보어전쟁이 한창일 때, 남아프리카의 한 병사가 기소되었다. 그의 죄명은 낙심죄!

그는 마을을 방어 중이던 병사들의 대열을 돌아다니며 온갖 부정적인 정보와 불평과 원망을 늘어놓았다. 영국군의 힘이 얼마나 센지, 그들의 공격을 막는 게 얼마나 어려운지 등을 떠들어대며 자기들 마을은 함락될 수밖에 없다고 단언한 것! 그는 총 하나 사용하지 않고 자기 진영을 공격한 것이다.

낙심을 부추긴 그의 말은 총보다 더 강력한 위력을 가진 무기였다.

남 얘기가 아니다. 오늘날 우리 주변에도 낙심죄로 법정에 서야 할 사람이 많다.

"아이고 죽겠어, 아이고 죽겠어" 하는 사람들, 전향적으로 탈옥을 음모해 볼 일이다.

언어관습의 폭력　　　말은 잘못 사용될 경우, 엄청난 파괴력을 발휘한다.

잘못된 언어관습이 우리를 가짜 절망에 빠트리는 경우가 비일비재하다. 우리는 평소 우리가 쓰는 언어가 얼마나 부정확하고 무자비한지 깨달을 필요가 있다.

대부분의 사람들은 그들 자신이 내뱉는 말로 인해 무차별 횡포를 당하고 있다는 사실을 인식하지 못한다. 이렇게 잘못된 언어관습은 가히 공포스러울 정도로 폭력적이다. 예를 들어보자.

입사 5년 차 여사원. 오후 5시가 넘어 사장으로부터 걸려온 전화를 받는다. 여자 목소리가 들리자 사장은 내심 짜증을 내고 있는 듯 느껴진다. 긴급한 용무인 듯하다.

"사장님이십니까."

말도 채 끝나기 전에 심한 말이 돌아온다.

"어이, 거기 누구 없나?"

여사원은 전화를 끊고 곰곰이 생각한다.

'전화를 받은, 나는 도대체 누구란 말인가.'[6]

우리 사회에서 이런 일은 여전히 흔하다.

또 일상에서 쓰는 말들은 어떠한가.

어떤 고3학생이 수능시험에서 원하는 학교의 커트라인 점수에 미치지 못했다. 우리는 습관적으로 이를 어떻게 표현할까?

"나는 실패한 재수생이다."

대개 이와 비슷한 말로 단정 지을 것이다. 이는 매우 잘못된 표현이다. 시험 한 번 잘못 본 것으로 자신을 '실패한 재수생'이라 말한다면 그 꼬리표는 평생 그를 따라다닌다.

그렇다면 이를 사실 있는 그대로 말하면 어떻게 되는가?

"나는 목표한 학교에 불합격했다."

그렇다. 사실 그대로만을 말하는 것이다. 시험은 누구든지 떨어질 수 있다. 또한 언제든 다시 도전할 수 있다. 나는 그저 이번 기회를 놓친 것뿐이다.

몇 가지 다른 예를 더 들어보자.

한 결혼한 남자가 부인과 헤어졌다. 이를 사실대로 말하면 어떻게 되는가?

"아내와 이혼했다."

그런데 많은 경우 이렇게 단정 지어 버리는 말을 한다.

"가정이 파탄 났다!"

대부분의 여성들은 자신의 신체조건을 이렇게 단정 지으며 얘기하고 다닐지 모른다.

"나는 키도 작고 뚱뚱해."

사실대로 말한다면?

"나의 키는 ○○○cm이고 몸무게는 ○○kg이야."

이렇듯 잘못된 언어관습은 우리를 최면에 빠트리는 주술 언어다. 이런 언어를 자주 사용하면 자신도 모르는 사이에 절망모드로 잠겨들게 되는 것이다.

때로는 말이 최대의 적이 될 수 있다. 말이 우리의 무능력, 무기력 나아가 불가능의 원인이 될 수 있다.

우리는 정확하고 진실된 언어를 구사하는 것만으로도 가짜 절망에서 벗어날 수 있다.

사실대로만 말해도   아일랜드 출신의 19세기 극작가이자 비평가로 유명한 오스카 와일드. 그런 그도 처음부터 대중의 인정을 받은 것은 아니었다. 그는 무명 시절, 무대에 작품을 올릴 때마다 관객들과 평론가들로부터 무참히 외면당한 작가였다.

그날도 새 작품을 무대에 올렸지만 첫날부터 관객의 야유가 쏟아졌다. 이를 안타깝게 여긴 그의 친구가 다음과 같은 위로의 말을 건넸다.

"이번에도 자넨 실패인가 보군. 너무 실망 말게. 다음번엔 꼭 성공할 거야."

이에 오스카는 고개를 내저으며 말했다.

"내 작품은 문제없다네. 실패한 건 관객들이라구."[7]

이 말은 훗날 그대로 사실로 드러났다. 오늘날도 여전히 런던의 웨스트엔드나 뉴욕의 브로드웨이에서 그의 작품은 흥행을 보증받고 있기 때문이다.

이렇듯 오스카 와일드가 세간의 혹평에도 아랑곳하지 않고 자신의 재능을 펼쳐 성공할 수 있었던 까닭은 사실 그대로만을 말할 줄 알았던 그의 당당한 자세였다. 바로 이 자세가 중요하다. 세상 사람들이 나를 알아주지 못했다고 절망하는 것도 사실에 부합하지 않다. 그들은 보는 눈이 없어서 그렇다!

우리가 조심성 없이 사용하는 언어관습의 거짓됨만 보는 눈이 있어도 우리는 한결 자유로워진다. 정확한 언어 사용이 빼앗긴 희망을 되찾아준다.

안타깝게도 자라나는 세대에게 사회가 만들어놓은 가치평가의 잣대는 너무도 가혹한 언어폭력을 야기하고 있다.

객관화된 잣대로 점수가 매겨지고, 점수와 외모로 인격이 평가되고, 거기서 거리가 먼 사람들은 항상 열패감에 시달려야 하는 이 왜곡된 현실은 치명적인 상처를 입히는 언어문화를 만들어냈다.

이런 의미에서 모 개그맨의 유행어 "이뻐"가 지니고 있는 풍자적 통찰은 참으로 값지다.

"예뻐야만 되는 사회, '여자는 나이 들어도 예뻐야 된다'는 씁쓸한 농담에 다들 웃는 게 아닐까요. 물론 예쁜 사람 좋지요. 그런데 그 기준이 주관적이어야 한다고 생각해요. 우린 객관적인 기준을 만들어놓고 강요하고 있지 않나요. 〔…〕 사실 만나서 기분 좋아지는 사람이 정말 예쁜 건데 말이에요. 〔…〕"[8]

그의 이 말은 한 단면을 말하고 있지만 어떤 철학적 메시지보다도 더 큰 충격량을 지니고 있다. '이뻐' 시리즈는 계속되어야 한다. 각자의 개성과 가치관, 그리고 창의적 발상을 격려하는 말은 우리네 잔인한 획일 문화를 거슬러 도처에서 와글와글대야 한다.

"멋져!"

"훌륭해!"

"최고!"

괜찮다 괜찮다 뜬금없이 절망이 덮칠 땐, 어떻게 해야 하나요?

아무리 절망의 허구에 대해서 알고 있다 하더라도 절망은 뜬금없이 기습한다. 정체도 이유도 알 수 없는 절망 에너지가 불시에 덮치면, 누구든 속수무책일 수밖에 없다. 그리하여 SOS를 청하는 물음을 던져온다.

"다 알아도 당할 때가 있습니다. 절망이 불쑥 엄습하는 경우가 그렇습니다. 원인을 알 수 없는 이런 절망엔 어떻게 대처해야 하나요?"

공감합니다. 아무리 경계하고 있어도 절망은 예고 없이 홀연히 찾아옵니다. 절망을 거부하려 해도 현실은 결코 녹록지 않습니다. 생활전선에 위기가 닥치고 하는 일이 원하는 대로 안 될 때, 절망은 슬그머니 그림자를 드리웁니다. 물리치려고 안간힘을 쓰는데도 사정은 영 달라지지 않습니다.

일찍이 철학자 키에르케고르는 "절망이야말로 죽음에 이르는 병"이라고 간파하였습니다. 정곡을 찌르는 말입니다.

나는 이 말을 20대 중반에 접했습니다. 그 이후 나는 '그게 정말 그런가?'라는 물음을 품고 사회현상들을 관찰해 왔습니다. 그로부터 정확히 30년이 지난 오늘날 나는 그의 말에 100% 동의합니다. 사실이지 얼마나 많은 사람들이 절망으로 인해 인생을 망치고 있으며 또 소중한 생명까지 잃고 마는가요. 아무리 현실이 어렵더라도 절망이라는 죽을병에는 걸리지 말아야 합니다.

키에르케고르와 비슷한 통찰을 20세기 미국 문학을 대표하는 소설가 존 스타인벡이 보여주고 있습니다. 그는 이렇게 말합니다.
"인간은 영혼이 슬프면 병균에 의해 죽는 것보다 더 빨리, 훨씬 더 빨리 죽게 된다."
표현은 다르지만 대강의 뜻은 같습니다. 하나는 철학자의 언어고, 다른 하나는 문학가의 언어라는 차이가 있을 뿐! 영혼의 슬픔, 그것은 절망과 한통속입니다. 비극적인 것은 바로 이러한 영혼의 낙심은 어떤 강력한 바이러스보다 더 치명적이라는 사실! 문학가는 이를 '더 빨리, 훨씬 더 빨리'로 고조시켜 경고하고 있습니다.

이 대목에서도 이치를 터득하면 방법이 보입니다. '희망은 절망을 몰아낸다'는 원리를 알면 절망은 쉽게 퇴치됩니다.
절망감이 엄습할 때 절망을 상대로 씨름을 해 가지고는 절망을 벗어나지 못합니다. 하지만 절망이 밀려올 때 절망을 보지 않고 희망을 붙들면 절망은 발붙일 틈이 없게 됩니다.
이 현상을 어떻게 설명할 수 있을까요. 우리는 이를 '대체의 법칙'으로 밝힐 수 있습니다. 심리학에 기초를 둔 이 원리는 말하자면 이렇습니다.

"사람의 뇌는 동시에 두 가지 반대 감정을 가질 수 없다. 곧 사람의 머리에는 오직 한 의자만 놓여 있어서 여기에 절망이 먼저 앉아버리면 희망이 함께 앉을 수 없고, 반대로 희망이 먼저 앉아버리면 절망이 함께 앉을 수 없다는 것이다."

이 법칙을 올바로 깨닫기만 해도 우리는 절망을 쉽사리 대적할 수 있습니다. 내가 불안해 하고 있는 동안에는 나에게 평화가 올 수 없습니다. 내가 평화를 선택하면 불안이 들어오지 않습니다. 의자는 하나입니다. 절망하고 있을 땐 희망할 수 없습니다.

방금 절망과 희망의 관계를 '한 의자의 법칙'에서 양자택일의 관계로 설명했습니다. 어찌 들으면 단 한 번에 희망을 가져서 한 방에 절망을 날리라는 뜻이 될 수도 있겠습니다. 그러나 그 과정은 그렇게 과격하지 않습니다. 오히려 조금씩 조금씩 이루어지는 것입니다. 이를 설명하는 말이 '희망과 절망의 합은 100'이라는 공식입니다. 희망이 '50'일 때 절망은 '50'이 되고, 희망이 '10'일 때 절망은 '90'이 된다는 것! 물론 희망이 '90'일 때 절망은 '10', 그리고 희망이 '100'일 때 절망은 '0'이 된다는 것입니다. 거꾸로 절망이 '100'일 때 희망은 '0'이 되는 것이고!

이 원리를 깨달으면 절망을 다스리는 능력이 절로 생기기 마련입니다.

나는 초등학교 4학년 때부터 관악산 기슭 산동네 비탈길에서
연탄 짐을 지며 살았습니다. 지금 돌이켜 보면 끔찍한 일입니다.
중3 때까지 하루도 거르지 않고 지게 짐을 졌으니, 키가 자랄 리
없었습니다. 힘든 걸로 치자면, 어른이 하루 종일 나르는 양을 방
과 후 밤늦도록 져야 했으니, 무엇에 비교할 수 있을까요.

하지만 나는 그때 '절망'이라는 단어를 몰랐습니다. 왜? 나는 꿈
에 부푼 소년이었기 때문입니다. 아직 그 이후까지는 내다보지 못
했지만, 열심히 일해서 고등학교, 그리고 형편이 더 좋아지면 대
학교엘 가리란 희망이 내 가슴을 꽉 메우고 있었던 것!

결국 많은 것을 감당하기 어린 나이였음에도 희망이 '100'이었
기에 절망이 '0'일 수밖에 없었던 것입니다.

그러므로 절망을 없애려고 하지 말고 희망을 붙잡으십시오. 절
망하고 싸우지 마십시오. 자꾸 희망을 가지십시오. 이루어지든지
말든지 계속 좋은 것을 상상하십시오. 그러면 됩니다. 연거푸 희
망을 품는 것이 절망을 몰아내는 상책입니다.

아직도 확신이 생기지 않은 이가 있다면, 사족으로 묻고 싶습
니다.

"자, 보세요. 깜깜해서 아무것도 보이지 않는다면 어떻게 해야죠?"

상식을 지닌 사람이라면 이렇게 말할 것입니다.

"어떻게든 불을 켜야죠."

이쯤 되면 깨달음은 바로 코앞에 와 있는 셈입니다.

"똑같은 이치입니다. 어둠을 몰아내는 것이 빛이듯이, 절망을 몰아내는 것은 바로 희망이랍니다."

"!!!"

part 2

춤추라

희망은
불끈한다

오기(傲氣)!

주먹을 불끈 쥐게(結) 하는 기운　　　상황이 호락호락하지 않을 때, 사람은 자연적으로 긴장한다. 순간적으로 뇌에서는 비상사태를 선언하고, 비상시스템을 가동한다.

그럴 때 우리 마음은 분주하다. 문제가 산더미처럼 커 보이면 어느새 불안감이나 절망이 엄습할 수도 있다. 하지만, 희망은 결연하게 살아남을 길을 찾는다. 그때 희망은 자신을 호위할 마음의 용사들을 모집한다.

절망의 상황에서 우리 자신을 수호할 희망의 용사들! 어떤 면면들일까? 나는 여럿 가운데, 오기(傲氣), 호기(浩氣), 강기(剛氣), 이렇게 3가지를 꼽고 싶다. 나는 이 3가지를 묶어 결기(結氣)라 이름 붙이고 싶다. 이들이 결국 주먹을 불끈 쥐게(結) 하는 힘으로 작용하기 때문이다.

그렇다면, 먼저 오기란 무엇을 두고 말하는 것일까?

우리는 흔히 어떤 한계상황, 또는 자신의 자존심이 도전받은 처지에서 "오기가 났다", "오기로 버텼다"라고 말하곤 한다. 이는 체념이나 포기, 또는 승복 대신에 새로운 의욕으로 재도전을 꾀하려고 하는 심리상태를 반영한다. 바로 홧김에 희망을 갖는 격이라할까.

나는 이 오기도 건강한 희망이라고 본다. 본래 희망은 그 한자어가 가리키듯 드물고 희소한 것(希)을 바라는(望) 것이다. 즉, 성취 가능성이 희박한 것을 바란다는 말이다. 그러니 이것을 이루어지게 하려면 시건방을 떠는 오기가 제격인 것.

오기의 힘　　　　오기란 이를테면 이런 것이다. 오기는 자신 안에 숨겨져 있던 잠재 가능성을 끄집어낸다. 수없이 계속되는 좌절과 거절 앞에서도 오기만큼은 제자리를 지킨다. 때를 기다려 기회를 붙잡고 만다.

셰익스피어에 버금가는 영국 대시인 존 밀턴은 10대 후반 이미 그 천재성을 인정받았다. 이어 30~40대에 그는 영국의 여러 정치적 문제를 비판하는 산문들을 집중 발표하며 적극적으로 정치에 투신하는 나날을 보냈다. 허나 결국 그가 바라던 공화제가 좌절되고 왕정이 복고됨에 따라 그의 모든 노력은 수포로 돌아갔고 신변은 위험해졌으며 설상가상으로 실명이라는 불행한 처지에 놓이게 되었다. 그를 두고 사람들이 "밀턴의 인생도 이제는 막을 내렸다"라고 수군거렸지만, 그는 굴하지 않고 세기의 명고전 《실낙원》을 탄생시켰다. 그가 오기로 남긴 말.

"실명이 비참한 것이 아니라 실명을 이겨낼 수 없는 나약함이 비참한 것이다."

오기가 물씬 풍기는 끈적끈적한 말이다. 사회적으로나 개인적으로 추락한 그였지만 그의 꺾이지 않은 필력만큼은 시대를 넘어 비상하고 있었으니.

이렇듯이 주위의 곱지 않은 시선을 극복한 예를 스포츠 스타들 가운데 많이 보게 된다. 2군의 서러움이나 트레이드의 굴욕을 결국 '오기'로 극복하여 대스타가 된 예들 말이다.

오기의 다른 이름, 근성　　시쳇말로, 오기는 근성으로 드러난다. 나는 이 근성을 멋지게 담아낸 경구를 만나고 탄복을 한 적이 있다. 일본의 상인들에게 권고되고 있는 장인정신을 담고 있는 글이다.

하늘 아래 해가 없는 날이라 해도
나의 점포는 문이 열려 있어야 한다.

하늘에 별이 없는 날이라 해도
나의 장부에는 매상이 있어야 한다.

메뚜기 이마에 앉아서라도 전은 펴야 한다.
강물이라도 잡히고 달빛이라도 베어 팔아야 한다.
일이 없으면 별이라도 세고 구구단이라도 외워야 한다.

손톱 끝에 자라나는 황금의 톱날을 무료히 썰어내고 앉았다면
옷을 벗어야 한다. 옷을 벗고 힘이라도 팔아야 한다.
힘을 팔지 못하면 혼이라도 팔아야 한다.

상인은 오직 팔아야만 하는 사람.
팔아서 세상을 유익하게 해야 하는 사람.
그렇지 못하면 가게 문에다 '묘지'라고 써 붙여야 한다.[1]

　비장함이 묻어나는 오기가 느껴지지 않는가. 어쩌면 오늘의 일본은 이 정신에 빚지고 있는지도 모른다. 어느 분야가 되었건 마지막 땀 한 방울까지도 쏟아내야 한다는 프로근성은 오늘 우리에게도 필요하다. 굳이 영업직이 아니더라도 근성이 부족한 사람에게 이 글이 전하는 메시지는 거부할 수 없는 일침인 것이다.

호기(浩氣)!

세르반테스의 허풍　　　신라의 화랑들은 전국 강산을 주유하며 호연지기(浩然之氣)를 길렀다. 줄여 말하여 호기(浩氣)다.

　희망은 청춘의 특권인 이 호기를 자극한다. 기왕이면 통 큰 마음으로 광대한 꿈을 품도록 바람을 넣는 것이다.

　바야흐로 글로벌 시대가 고조되고 있는 오늘날, 청춘이라면 모름지기 호기 한번 부려볼 일이다.

　맨 오브 라만차!

　400여 년 전 스페인 감옥에서 무명작가 미겔 데 세르반테스에 의해 탄생한 가공인물 돈키호테를 주인공으로 한 뮤지컬 제목이다.

　직접 관람한 적은 없지만, 나는 그 포스터만 봐도 가슴이 두근

거린다. 왜냐하면 돈키호테는 언제나 희망을 채근하는, 내 마음속에 살아있는 인물이기 때문이다.

나는 특히 세르반테스가 돈키호테를 빌려 노래한 호기 어린 희망가를 좋아한다.

이룩할 수 없는 꿈을 꾸고
이루어질 수 없는 사랑을 하고
싸워 이길 수 없는 적과 싸움을 하고
견딜 수 없는 고통을 견디며
잡을 수 없는 저 하늘의 별을 잡자.

이 얼마나 과장된 허풍인가. 뻥 중에도 '왕대포'감이다. 메시지는 강렬하고 간결하다.

"미친 척하고 불가능한 것을 시도하라!"

세르반테스가 미치광이 돈키호테를 통해 이 희망가를 부른 곳은 감옥이었고, 그때 그의 나이는 50줄을 넘겼을 때였다. 그의 삶은 고난과 역경의 연속이었다. 어린 시절 아버지의 죽음, 가난, 결투와 도피생활, 전쟁 중에 입은 상처로 불구가 된 한쪽 팔, 5년에 걸친 노예생활, 4번에 걸친 탈출 실패! 말년에는 비리혐의로 인해서 옥살이를 해야 했다.

그야말로 희망이 동난 막장의 상황이었다. 하지만 그는 이상향

에 대한 낭만으로 가득 찬 소설 《돈키호테》를 썼다. 그는 이렇게
말했다.

"보잘것없는 재산보다 훌륭한 희망을 가지는 것이 훨씬 낫다.
재산보다는 희망을 욕심내자. 어떠한 일이 있어도 희망을 포기하
지 말자."

이 희망은 수세기를 관통하며 《돈키호테》가 불후의 명작이 되
어 금의환향함으로써 마침내 성취된 셈이다.

'맨 오브 라만차'가 흥행을 거듭하고 있는 까닭은 아마도 오늘
이 시대가 희망을 더욱 절실히 필요로 하기 때문이 아닐까.

호언장담을 권하는 까닭   꿈은 자신의 능력보다 조금 높여서
잡는 것이 좋다. 스스로 파악한 자신의 능력이란 것이 사실은 과
소평가 내지 안전평가일 확률이 높기 때문이다. 기업에서도 목표
실적을 정할 때 객관적으로 분석된 수치의 200~300%로 잡는 것
으로 알고 있다. 너무 안전하게 적게 잡아버리면 아직 파악되지
않은 '잠재능력'이 발휘될 기회를 박탈해 버리기 십상인 것이다.

그러므로 희망을 품고 꿈을 정할 때는 큰 그림을 그리고 입을
크게 벌리는 호기를 부리는 것이 바람직하다 하겠다.

공자가 "할 수 없다는 것을 알지만 그걸 알면서도 한다"(知其不
可爲而爲之)라고 한 것은 바로 이런 기상을 두고 하는 말이다. 그
런데 놀랍게도 호기로운 꿈이 이루어지는 경우가 많다.

이런 취지에서 나는 사람들에게 호언장담할 것을 권한다.

"첨단농업으로 대한민국이 농업강국이 되는 데 일조할 겁니다. 꼭 해 낼 겁니다."

"두고 봐, 나는 이다음에 UN사무총장이 되어 있을 테니까."

"기필코 내 이름을 붙인 고난도 점프 기술을 개발하여 세계를 놀라게 할 겁니다!"

"……."

허풍 스케일이 너무 커 보이는가? 아니다. 저 말들은 벌써 1900년 대 중반기에 씨 없는 수박을 개발한 우장춘 박사, 반기문 현 UN 사무총장, 2012런던올림픽 체조 금메달리스트 양학선 선수가 일 찌감치 토로했던 포부였다.

영웅호걸의 기운 　　　해변으로 파도가 밀려왔다. 파도는 바위를 바라보면서 울부짖었다.

"아아, 슬프도다. 나는 저 바위에 산산이 부서져 흔적도 없이 사 라지고 말 것이니!"

그때 뒤에서 이렇게 충고하는 목소리가 들린다.

"내 아들아, 마음을 편히 먹으라. 너는 절대로 무너지지 않을 것 이다. 너는 파도가 아니라 바다이기 때문이다."[2]

호기란 이처럼 드넓은 기세다. 호기는 이렇듯이 천하를 품는다.

호기는 영웅호걸의 기운과도 통한다. '호기'의 넓을 호(浩)는 호
걸 호(豪)와 동일한 계열의 기운이라 봐도 무방할 것이다. 어느
경우든 현대 세계사에서 호걸형 정치인을 꼽으라면 의당 젊은 패
기의 존 F. 케네디도 몇 손가락 안에 들어가야 하리라. 그 젊은
나이에 말썽꾸러기 구소련과 악동 쿠바를 능숙하게 주물렀으니
말이다.

　　구소련이 독보적인 우주기술 강국으로 군림하고 있던 1960년대
초, 미국은 자존심이 상해 있었다. 이때 호기로운 케네디 대통령
은 전세계인 앞에서 달나라 우주선 계획을 공포해 버렸다. 1961년
5월 25일 의회의 연설에서 그는 다음과 같이 선언했다.

　　"우리 나라는 1960년대가 가기 전 달에 인간을 착륙시키고 무
사히 귀환시키는 목표를 반드시 달성해야 합니다!"

　　연설 직후 기자들이 물었다.

　　"정말 미국은 그 엄청난 기술을 가지고 있는 것입니까?"

　　"아직은 없습니다. 그러나 미국의 가능성을 결집시키면 가능할
것입니다."

　　당시의 주어진 여건을 고려해 볼 때 이 호언은 생뚱맞은 것이었
다. 수십억 달러의 예산과 미국 최고의 두뇌들이 총 투입되어도
성공할 가능성이 희박했다.

　　하지만 이 선언은 신기원적인 성과를 가져왔다. 1969년 7월 21일!
세계인은 이 날을 인간이 최초로 달나라에 착륙한 날로 기억한다.

케네디 대통령은 공공연하게 호기를 부려 모든 가능성을 결집시킬 줄 아는 리더였다. 미래지향적 리더에게 호기는 필수 덕목인 것이다.

필리핀 속담에 "하고 싶은 일에는 방법이 보이고, 하기 싫은 일에는 핑계가 보인다"는 말이 있다. 아무리 악한 환경에서도 기꺼이 희망을 부여잡고 호기로운 꿈을 품으면, 방법은 신통방통하게 생기기 마련이다.

강기(剛氣)!

《대지》의 작가 펄벅이 한국인에게서 보았던 것   "고상한 사람
들이 사는 보석 같은 나라."

 《대지》로 노벨 문학상을 받은 작가 펄벅이 그의 소설《살아있는
갈대》첫머리에 한국을 표현한 말이다. 구한말에서부터 1945년
해방되던 해까지의 한국을 배경으로 한 이 작품은 한국인의 역경
에 굴하지 않는 '굳셈'을 주제로 하였다. 이 작품은 출판 당시 〈뉴
욕타임스〉 등 미국과 영국의 유수한 언론에서 《대지》이후 최고의
걸작이라는 찬사를 받았으며 미국에서 출판되자마자 베스트셀러
가 되었다고 한다.

 펄벅이 한국인 안에서 꿰뚫어 보았던 것은 강인함 곧 강기(剛氣)
였다. 한국인이 이토록 강기를 지녔던 것은 한국인에게 유독 하늘

을 우러르는 성품이 있었기 때문이다. 어떤 시련과 고난이 와도 하늘을 향하여 견뎌낼 힘을 청하면서 기어이 극복해 냈던 것이다. 한마디로 한국인은 희망의 민족이다. 한국인의 기상을 대표하는 백두산과 동해는 하나같이 '희망'의 상징이 아닌가!

숱한 외침으로 국난을 맞았을 때 우리 민족은 항상 상상을 초월하는 저항력으로 놀라운 저력을 보여주곤 했다. 6·25의 폐허 위에서 50년 만에 세계경제 10위권 안에 진입할 수 있었던 것이야말로 우리 민족이 본디 지니고 있었던 굳건한 정신력의 발로 아니고 무엇이랴. 고작 5,000만의 인구로 2002년 월드컵 4강 진출과 2008년 및 2012년 올림픽에서 연이어 상위권을 기록하는 성과를 올렸음에 전세계가 경탄하고 있다.

이 굳셈을 강기라 부르는 것이다. 왜, 의지가 굳고 결연한 사람을 일컬어 "그 사람 참 강기가 있다!"라고 하지 않는가. 시쳇말로 깡다구 말이다. 요즘엔, 이를 대신하는 말로 독기(毒氣)라는 단어가 많이 쓰이지만, 독(毒)은 아무래도 해로운 것이니 나는 구태여 '강기'라는 표현을 고집하고 싶다.

어떻든, 한국인의 이 굳셈은 저항정신으로도 곧잘 표출되었다. 일제 강점기 때 인도의 시성 타고르는 일본을 방문했던 기회에 〈동방의 등불〉이란 시로써 한국인의 기상을 응원하였다.

일찍이 아시아의 황금시기에

빛나던 등불의 하나인 코리아

그 등불 다시 한 번 켜지는 날에

너는 동방의 밝은 빛이 되리라

일본 체류 시 끈질기게 러브콜을 전해 온 대한제국 우국지사의
의연함에서 한국인의 굳셈을 보았던 타고르는 영감을 휘어잡고
일필휘지로 이 시를 썼다. 끝내 한국 방문을 거절했다는 이유로
이 시에 대한 부정적 해석이 없는 것은 아니지만,[3] 나는 만일 타고
르가 '시성'이 맞다면 속에 없는 것을 빈말로 둘러대는 잔꾀를 부
리지는 않았을 것임을 믿어 의심치 않는다. 한낱 희망이었던 이
시는 이제 엄연한 현실이 되어가고 있다. 그의 시는 하늘의 음성
이 담긴 예언이었던 셈이다.

최악을 지탱하는 힘　　　모름지기 농사를 모르는 도시인들은 봄
비가 많이 내리면 곡물 씨앗이 자라는 데 유익하다고 생각할 터
다. 하지만, 사실은 그 정반대다.

농부들은 경험상 봄날의 좋은 날씨가 오히려 식물들로 하여금
뿌리를 얕게 내리게 하여 생존력을 약화시킨다는 사실을 알고 있
다. 그렇게 되면, 태풍이 왔을 때, 곡식이 쉽게 뿌리 뽑히기 마련
이다.

하지만 처음부터 충분한 비를 맞지 않은 식물은 물과 양분을 얻

기 위해 땅속 깊이 튼튼하게 뿌리를 내리려고 한다. 그리하여 태풍이나 가뭄이 와도 끄떡없이 견뎌낼 수 있게 된다는 것이다. 봄날의 악천후가 식물들을 강인하게 만들어주는 셈이다.

인생도 같은 이치로 돌아간다. 악천후를 견디면 성장은 물론 강인함을 얻게 되는 법이다. 결국 강기는 이렇게 길러지는 것!

나는 이 이치를 오늘의 2040세대가 터득했으면 좋겠다. 내가 그들이 당황스러워하며 겪는 이 시대의 고난을 내공과 면역력을 키우는 기회로 삼으라고 자주 권면하는 이유는 바로 이 까닭에서다.

강기 앞에는 어떤 변명도 통하지 않는다. 악성 베토벤이 후천적 청각장애로 심각한 좌절을 겪어야 했다는 사실은 누구나 알고 있다. 하지만 그 과정이 어느 정도로 괴로웠는지는 잘 알려져 있지 않다. 그가 두 동생들에게 남긴 유서에는 그의 극단적인 고뇌가 고스란히 배어 있다.

"오! 너희들은 나를 적의에 차고 사람들을 혐오하는 고집쟁이로 여기고 또 쉽게 이야기하고 있지만 그것이 얼마나 그른 일인지 모르고 있다. 겉으로 그렇게 보이게 된 원인을 너희들은 모를 것이다. [⋯] 나와 함께 있는 사람은 멀리서 들려오는 플루트 소리를 들을 수 있는데도 나에게는 아무 소리도 들리지 않았고, 다른 사람에게는 들리는 목동의 노래 소리 또한 나는 전혀 들을 수 없었다. 그럴 때면 나는 절망의 심연으로 굴러 떨어져 죽고 싶다는 생각밖에 나지 않는다. 그런 생각에서 나를 구해 준 것은 예술, 오직 예술뿐이다.

나에게 부과된 모든 것을 창조하기까지는 어찌 이 세상을 떠날 수 있으랴 하는 생각에 사로잡히기도 한다. 바로 그 때문에 이 비참한… 정말로 비참한 삶을, 그리고 아주 사소한 변화조차 나를 최상의 상태에서 최악의 상태로 전락시키는 예민한 육체를 지탱해 왔다. 인내!! 라고 흔히 말하지만 이제 나도 그것을 지침으로 삼아야겠다. 그렇다. 그리하여 운명의 여신이 내 삶의 밧줄을 끊을 때까지는 저항하려는 결심을 간직하자. 내 상태가 호전되든 안 되든 각오는 서 있다. 예술가에게는 더욱 그렇다. 〔…〕"4

32세 되던 1802년, 베토벤은 요양 중인 하일리겐슈타트에서 동생들에게 유서를 남기고 작곡에만 전념했다. 하지만 그는 25년을 더 살았고, 오늘날 우리가 사랑하는 그의 대표작 대부분은 귀가 들리지 않게 된 이후의 작품들이다. 그는 짧은 여생을 예감했지만, 질기디 질긴 '강기'는 그에게 생존과 절대 음악을 선사하였다.

그가 유서에서 남긴 한 문장은 오늘 우리를 위한 위엄 있는 격려다.

"불행한 사람들은 당신과 같은 처지에 놓인 한 인간이, 온갖 장애를 무릅쓰고 자기 역량을 다해 마침내 예술가 또는 빛나는 인간의 대열로 솟아오름을 떠올리며 스스로를 위로하라."5

영국소 헤리퍼드의 생존법　　나는 승풍파랑(乘風破浪)의 정신을 좋아한다. 이는 '바람을 타고 물결을 헤쳐 나간다'라는 뜻으로, 진취적인 기상을 풍기는 말이다. 흔히 쓰는 말로 '정면 돌파'를 가리킨다. 감당할 수 없을 것 같은 어려움이 도도하게 밀려오고 있을 때, 우리에게는 이 승풍파랑의 기개가 필요하다.

희망을 붙잡고 역경을 대차게 맞서 나가는 기개! 그 강기를 우리는 동물계에서도 발견한다. 영국권의 여러 방목소 가운데 헤리퍼드(Hereford)종(種)은 극심한 추위를 견뎌내는 능력이 탁월하기로 소문이 나 있다.

일반적으로 방목해서 키우는 소들은 혹한의 추위를 견디기 힘들 때 바람을 등지고 비계가 많은 엉덩이로 한기를 맞으면서 서서히 이동한다고 한다. 그러다가 체온이 내려가 칼날 같은 냉기를 견디지 못하고 쓰러지면 동사를 피하지 못하는 일이 다반사라는 것!

그러나 헤리퍼드종은 차가운 바람을 정면으로 맞으며 본능적으로 앞으로 나간다. 고개를 숙이고 어깨를 맞댄 채 북쪽의 차가운 바람을 온몸으로 받아내는 것이다. 놀라운 것은 헤리퍼드종은 단 한 마리도 추위로 죽지 않는다는 사실이다.

그들이 이렇게 추위를 정면으로 돌파할 수 있었던 것은 다른 동물에 비해 더 강해서가 아니다. 그것은 그들에게 추위와 맞서 싸울 수 있는 투지가 있어서다.

역경을 이겨내는 이치도 똑같다. 세찬 시련의 바람이 불어올 때, 옆구리로 맞거나 그로 인해 등이 밀리게 되면 패배할 확률이 높다. 하지만 헤리퍼드종처럼 정면으로 맞설 때 우리 안에 투지와 열정이 솟아나 이겨낼 수 있는 힘이 되어준다. 그야말로 정공법이다.

여기서 말하고자 하는 요지는 이것이다.

희망이 없다고 말하지 마라. 그리고 희망을 외부에 걸지 마라. 우리 자신이 희망이다.

인간은 위대하다. 인간은 만물의 영장이다. 인간 안에는 동·식물계, 영장계가 집적해 놓은 모든 고난극복 DNA 곧 강단, 강기가 내장되어 있다.

괜찮다 괜찮다   '이겨야 한다'는 강박으로 스트레스가 심하다! 벗어날 길은?

경쟁사회에서 겪는 스트레스는 누구에게나 감당하기 벅찬 부담이다. 특히나 비교하기를 좋아하는 한국인이 매일 치르는 스트레스는 가히 '강박'의 수준이다. 게다가 승부욕까지 있는 사람이라면, 그 세기가 얼마나 크겠는가. 그들은 당연히 물을 수밖에 없다.

"매일 '이겨야 한다'는 강박으로 스트레스가 심합니다. 벗어날 길은 없나요?"

나의 답변은 '허허실실'로 대처하라는 것입니다. 곧 헐렁함으로 스트레스를 풀어내어 그 부드러움으로 강함을 이기라는 것입니다.

하버드의대 정신과교수 조지 베일런트는 1937년부터 66년간 하버드 졸업생 268명의 인생을 추적하는 연구를 진행했습니다. 주제는 '삶에 어려움이 닥쳐올 때 그 역경을 무엇으로 극복하는가'였습니다. 이를 위해 그들의 대학생활, 2차 세계대전 참전기록, 건강기록 등의 방대한 자료들을 수작업부터 컴퓨터작업에 이르기까지 오랜 시간 공들여 조사했습니다. 그 결과 위기관리에 유머가 크게 도움이 된다는 사실을 알아냈습니다. 유머는 성격이 쾌활한 사람들의 전유물이 아니라, 사람들이 역경을 극복하는 완벽한 수

단이라는 사실을 밝혀낸 것입니다.

그렇습니다. 유머는 제아무리 인생 최악의 위기 때라 할지라도, 그 상황을 긍정적인 시각으로 바라보게 하여 새로운 관점으로 재구성할 수 있게 만들어줍니다. 그리하여 결국에는 위기를 벗어나게 해 주지요. 한마디로 유머는 강박증후군에 시달리는 현대인을 위한 필수영양소입니다.

그런데, 유머는 기법이기 이전에 마음의 순발력 있는 태도이기도 합니다. 나는 1년에 몇 차례 웃음치료사협회 회원들을 위해 특강을 해 왔습니다. 그들은 웃음에 관한 한 전문가들입니다. 이론으로도 철저히 무장되어 있고 실전에서도 잘 웃고, 잘 웃깁니다. 이들에게 웃음철학을 강의해 주고 있으니, 유머의 열쇠는 기법이 아니라 원리의 터득이기 때문입니다.

유머는 환경이 아니라 마음가짐에 달려있습니다. 아무리 생활 조건이 좋아도 우울증에 시달리는 사람이 있는가 하면, 아무리 상황이 우울해도 유머감각으로 웃음을 만들어내는 사람이 있습니다.

사실 유머감각은 누구에게나 있습니다.

모세가 이스라엘 백성을 이끌고 홍해바다를 건넌 사건은 모르는 사람이 없을 것입니다. 그가 진퇴양난의 위기 속에서 하늘을 향해 부르짖었습니다.

"살려주소서! 앞에는 바다, 뒤에는 이집트 병사들! 저희가 다 죽게 되었습니다."

그때 하늘에서 음성이 들려왔습니다.

"야, 임마, 너는 어쩌자고 부르짖기만 하느냐! 써먹어. 줬잖아. 이럴 때 써먹으라고 네게 기적의 지팡이를 주었거늘 너는 어쩌자고 어물쩍거리는 것이냐."

모세는 곧바로 지팡이를 펼쳐 홍해바다를 갈랐습니다. 그리고 유유히 건너갔습니다.

"써먹어!"

이 말이 필요한 것은 오늘 우리들입니다. 우리 안에는 위기를 극복할 별별 능력들이 감춰져 있습니다. 그 중 놓쳐서는 안 되는 것! 바로 유머감각입니다.

어느 때 유머는 자칫 차가워질 분위기를 따뜻하게 해 주는 마력을 지니고 있습니다.

어느 젊은 여대생이 이태원의 한 상점에 들러 쇼핑을 했습니다. 이 옷 저 옷 마음에 드는 옷을 다 고르고 나니 예산이 한참 초과되었습니다. 여대생은 주인에게 아양을 떨며 말했습니다.

"아자씨, 제가예. 지방에서 일부러 여기까지 왔거든예. 옷도 많이 샀는데 차비 좀 **빼주시면** 안 될까예?”

상점 주인은 여유 있는 웃음으로 답했습니다.

“하하. 여기는 저 멀리 미국에서 온 사람들도 무지하게 많거든요.”[6]

거절도 상대를 배려하며 유머로 승화시키는 상점 주인의 대화법이 가히 압권입니다.

끝끝내 자신에게 이러한 유머감각이 없다고 뒷걸음질 치는 이가 있다면, 호탕한 웃음 한번, 얼굴가득 환한 미소라도 지어보길 권합니다.

유머와 웃음은 한통속입니다. 유머가 있으니까 웃는 것이고, 자주 웃으니까 유머감각도 살아나는 것입니다. 유머와 웃음은 예기치 않은 성과를 가져오기도 합니다.

미국의 한 연구기관에서 슈퍼마켓을 털다가 잡힌 강도들을 대상으로 설문조사를 했는데 흥미로운 결과가 드러났습니다.

먼저 “흉기를 무장하고 슈퍼마켓을 털 마음을 먹었지만 막상 털 수 없었던 경우가 있었는가?”라는 질문에, 약 95%의 강도가 종업원이 눈을 맞추며 인사할 때 도저히 양심상 그들을 위협할 수 없었다고 대답했습니다. 한마디로 웃는 얼굴을 보고 강도짓을 할 의도가 사라진 것입니다.

반면 “종업원에게 상해를 입히거나 살인까지 저지른 경우는 언제인가?"라는 질문에, 대다수 강도들이 유사한 답변을 했습니다. 손님인 자신을 아는 체도 하지 않고 웃지도 않아서 무시당한 느낌 때문에 일을 냈다는 것입니다.[7]

나는 일부러 우스갯소리를 수집하지는 않습니다. 하지만 엄숙함이 흐르는 상황에서 또는 공격적인 분위기에서 불쑥 실없는 소리를 곧잘 합니다. 위트라 불러도 좋고 유머라 불러도 좋고 해학이라 불러도 괜찮습니다. 이런 것들은 공기를 정화시키는 청정효과가 있습니다.

유머는 생각의 미소입니다.
생각이 여유로우면 시도 때도 없이 유머가 삐죽거립니다. 생각이 탄력 있고 유연하고 멋스러울 때 억지로 만들지 않아도 유머는 폭발합니다. 그리하여 이 유머가 모든 강박의 초강력 해독제가 되어주는 것입니다.
깔깔깔.
유쾌하게 중금속이 빠져나가는 소리입니다.

희망은
명중한다

추적의
법칙

꿈이 스펙을 이긴다　　지금까지 나는 '희망'과 '꿈'을 구별 없이 써왔다. 이 둘은 엄밀히 구분하면 조금 차이를 지니고 있다.

희망은 크게 말하면 미래에 대한 긍정이다. 곧 좀 추상적이고 막연한 낙관론이다. "잘 될 것이다", "좋은 일이 있을 것이다", "이루어질 것이다", "나을 것이다", "개선될 것이다"라는 등의 확신 어린 기대를 희망이라 부른다.

반면에 꿈은 보다 구체적인 바람을 가리킨다. 현실적인 희망이라 할까. 어쨌든 우리는 희망의 기운과 지평이 있을 때만 꿈을 품는다. 꿈을 품으려 하다가도 희망 에너지가 동나면, 그땐 꿈을 접기 마련이다.

이런 미묘한 차이를 감안하면서, 나는 그때그때 느낌에 따라서 두 단어를 교차적으로 사용할 것이다.

지금은 체력관리를 위해 줄이려고 노력하고 있지만 한때 연 600회 이상 강의를 한 적이 있다. 그러다 보니 사회적으로 존경받을 만한 위치에 있는 이른바 오피니언 리더들을 만날 기회가 많다. 만날 때마다 나는 마음속으로 묻는다.

"이 사람이 여기까지 온 것은 꿈 때문일까, 아니면 IQ나 성적 때문일까?"

수천 명의 사례에서 내가 내린 결론은 이것이다.

"꿈이 성적을 이긴다!"

성적만 이기는 것이 아니다. 꿈은 가문도 인맥도 스펙도 다 이긴다!

내 안의 목표추적장치　　꿈을 가지지 않은 사람은 뚜렷한 동기부여가 없기 때문에 그냥 헤매면서 아무렇게나 살 수밖에 없다. 반면에, 꿈을 가지면 목표만 보인다. 그리하여 우리의 관심에서 잡다한 잔가지를 쳐준다.

예를 들어보자. 여자들이 '아, 핸드백 하나 사고 싶다'라고 바람을 가질 경우, 그날부터 핸드백만 보인다. 가죽 핸드백, 에나멜 핸드백, 짝퉁 핸드백… 거리를 다니면 온통 핸드백만 보인다. 그런데 남자들은 여자들의 핸드백이 안 보인다. 여자들이 뭘 들고 다니는지 아무도 모른다. 또 무슨 옷을 입고 다니는지도 눈에 잘 안들어온다. 하지만 여자들은 핸드백이건 옷이건 갖고 싶은 것이 생기면, 누가 어떤 핸드백을 들고 왔는지 또 무슨 옷 입고 왔는지 더 촉을 세운다. 구두를 사고 싶어 할 경우도 마찬가지다. 이처럼 꿈도 그렇다. 꿈은 우리의 관심이 이리저리 분산되는 것을 막아 준다.

여기서 그치는 것이 아니다. 일단 이렇게 해서 사고 싶어 하는 물건을 하나 고르면, 그 다음 단계는 자금마련이다. 여기에 이르면 어떻게 돈을 마련해야 할지 슬슬 궁리를 한다. 빠듯한 돈을 모아야 할지, 있는 돈을 헐어야 할지…. 그리고 답이 나오면 실행에 옮긴다. 그리하여 결국 원하는 핸드백이나 옷이나 구두를 손에 넣게 된다. 성공!

이는 꼭 미사일이나 내비게이션이 목표에 이르는 과정과 비슷하다. 목표추적장치라 할까? 어떻게 부르건, 우리가 꿈을 품을 때, 꿈은 이처럼 우리 안의 목표추적장치를 작동시켜 결국 원하는 목표에 이르게 된다.

그런데 여기서도 또 한 걸음 더 나아간 희망이나 꿈이 있다.

선명한 희망, 목표가 뚜렷한 꿈!

이런 희망과 꿈은 목표추적장치의 원리로 목표에 이르는 것이 아니라 '닻'의 원리로 목표에 이르게 된다.

나는 성경을 읽다가 "어쩌면 희망에 대해서 이렇게도 기막힌 표현을 했는가" 하고 무릎을 탁 친 적이 있다.

"이 희망은 우리에게 영혼의 닻과 같다"(히브 6,19).

선명하고 요지부동인 희망은 닻과 같이 작동된다. 이런 희망은 그냥 길을 안내하는 내비게이션이 아니다. 내비게이션은 가다가 딴 데로 갈 수도, 엉뚱한 데로 갈 수도 있다. 그렇다면 닻은 뭔가? 닻은 이미 목표지점에 고정되어 있다. 희망을 품은 사람과 이 닻 사이에는 밧줄로 이어져 있다.

닻과 밧줄은 한 몸체다. 이는 앞서 언급했듯 유대인들이 '희망'을 가리키는 단어로 본래 밧줄을 뜻하던 틱바(tikvah)를 사용했다는 지혜와 일맥상통한다.

희망이 닻이요 밧줄이라면, 이제 우리가 할 일은 무엇인가? 줄을 잡아당기기만 하면 되는 것! 하여간 방향은 모른다. 그런데 눈 감고 당겨도 우리의 최종목표인 닻이 이미 박혀 있기에 상관없다. 우리의 희망은 이런 것이다.

배를 만들게 하려면 바다를 보여주라　　또한 꿈은 그 앞에 놓여있는 어떤 장애도 헤치고 나가는 추진력을 지니고 있다.

세계적인 임상심리학자로 알려진 브리즈니츠 박사가 한번은 다음과 같은 실험을 진행했다.[1]

이스라엘 육군의 훈련병들을 4개 조로 나누어 완전군장을 하고 20km를 행군시키는데, 각 조마다 조건을 달리하였다. 1조에는 행군할 때 도착거리를 미리 예고하고 5km마다 매번 앞으로의 남은 거리를 알려주었다. 2조에는 "지금부터 먼 거리를 행군한다"라고만 말했다. 3조와 4조에는 각각 행군할 거리를 제공하고, 도중에 거리를 더 늘리거나 단축한다고 지시했다.

이 실험을 통해 브리즈니츠 박사는 병사들이 '처한 상황에 따라 받는 사기와 스트레스의 관계'를 다음과 같이 보고하였다.

곧 20km라는 정확한 거리와 중간 중간 남은 지점을 알고 행군한 1조가 가장 사기가 높은 동시에 가장 적은 스트레스를 받았다. 반면 행군거리를 전혀 모르고 간 2조가 가장 사기가 떨어짐과 동시에 스트레스도 제일 많이 받은 것으로 드러났다.

종합해 보면 '인간이 가장 큰 스트레스를 받을 때는 어려울 때가 아니라 희망이 없을 때'라는 얘기가 된다.

결국 목표를 알고 희망을 가지고 살면, 난관도 난관이 아니다. 반면 목표도 모르고 희망도 없이 살면, 똑같은 난관이 스트레스를 팍 주게 된다. "아우, 이놈의 스트레스!"라는 말을 입에 달고 다니는 이들은 그것이 결국 목표와 희망이 없기 때문임을 깨달아야 한다. 직장에서도 마찬가지다.

나는 건강한 몸이 아님에도 불구하고, 연구할 때 어떤 때는 책상에 한번 앉으면 열 시간이 넘게 시간 가는 줄 모르고 몰두하곤 한다. 시간이 한참 지난 다음에야 "벌써 밥 두 끼나 굶었네" 할 때가 있다.

왜 그랬을까? 내 눈앞에 선명한 목표와 희망을 두고 자리를 뜰 수 없었기 때문이다.

이 이치를 깨달으면 일상에서 많은 문제가 해결된다. 아예 문제가 발생하지 않는다. 혹, 주변의 동료나 자녀들이 일하다가, 공부하다가 스트레스 받는다고 하면 이렇게 말해 주면 어떨까.

"너의 분명한 꿈을 생각해 봐. 목표가 없다면 목표를 가져 보는 거야! 신나는 목표가 있으면 하는 일도, 공부도 재미있어질 거야."

그래서 이런 말이 있는 것이 아닐까.

"사람들로 하여금 배를 만들게 하려면, 그들에게 바다를 보여주라!"

바라봄의
법칙

디즈니랜드를 이미 봤던 월트 디즈니　　철학자 에른스트 블로흐는 "희망은 모든 인간의 행위 속에 들어 있는 '신적인 힘'이다"라고 정의했다. 이는 우리의 꿈속에 신적인 창조력이 깃들어 있다는 말과 다르지 않다. 엄청난 얘기다. 우주만상을 창조한 신의 창조력을 인간이 꿈이라는 방식으로 지니고 있다니… 그렇다면 꿈을 가진 자는 이미 신적인 잠재력을 작동시키고 있는 사람이라는 얘기!

이 놀라운 비밀을 알았던 것일까. 월트 디즈니는 이렇게 말했다.

"꿈꾸는 것이 가능하면 그 꿈을 실현하는 것도 가능하다."

그는 몸소 이를 입증했다. 그는 더 많은 아이들의 꿈과 희망을 위해 미 플로리다주 올랜도에 디즈니랜드를 세우기 시작했다. 하지만 노년의 그는 완공을 보지 못한 채 세상을 떠나고 말았다.

디즈니랜드가 개장하던 날, 한 연사가 단상에서 안타까운 듯 이렇게 말문을 열었다.

"오늘 같은 날, 월트씨가 살아있었다면 이 공원의 놀라운 모습을 볼 수 있었을 텐데요."

다음 연사로 단상에 올라간 월트 디즈니의 부인은 앞선 연사의 말을 이렇게 바꾸었다.

"제 남편은 보았습니다. 디즈니랜드는 제 남편이 이미 본 것을 후에 만들어낸 것뿐입니다."[2]

월트 디즈니는 이미 봤던 것이다. 그러니까 우리가 희망 속에서, 꿈속에서 충분히 본 것은 언젠가는 반드시 이루어지는 법이다.

꿈을 꿀 때 우리는 상상을 한다. 상상 속에서 바라는 인물이 되어보기도 하고, 원하는 일이 이루어진 것을 미리 그려보기도 한다. 이처럼 희망이나 꿈은 상상으로 '보는 것' 하고 관련이 있기 때문에, 여기서 비전(vision)이라는 말이 생겨났다. 비전은 '본다'는 뜻을 지닌 라틴어 동사 비데레(videre)에서 온 파생어다. 굳이 약간의 차이를 확인해 보자면, 비전은 주로 진로나 사명과 관련된 꿈을 가리킬 때 쓰는 단어로 보면 무방할 것이다.

어떻든, 방금 우리는 한 가지를 확인했다. 바로 희망이건 꿈이건 비전이건 보는 것, 또는 바라보는 것과 불가분의 관계에 있다는 사실!

자주, 선명하게, 계속　　이 '바라봄'의 힘을 심리학적으로 규명하여 개념화한 것이 시각화(visualization)라는 말이다. 자기계발 분야의 개척자 브라이언 트레이시는 이에 대하여 이렇게 말한다.

"정신세계를 제어하기 위한 첫 번째 작업은 시각화다. 이것은 자아 개념을 바꾸기 위한 가장 강력한 기법이다. 시각적 이미지는 욕구를 강화하고 믿음을 깊게 한다. 동시에 의지력을 향상시키고 끈기를 길러준다. 〔…〕 이미 성공한 사람들은, 자신이 원하는 사람이 되어 진정으로 하고 싶은 일을 하고 있다는 선명한 마음의 그림을 그리는 훈련을 통해 이 능력을 계발했다. 우리의 성과는 내부의 이미지나 그림과 항상 일치하기 때문에, 자신을 훌륭한 부모, 배우자, 경영자, 세일즈맨이라고 생각하면 그 역할들을 수행할 때 자신감, 편안함, 유능감을 느낄 수 있다. 반대로 자신을 어색하고 부자연스럽다고 생각하면, 그 상황에 처할 때마다 긴장과 불안을 느끼게 된다."[3]

　연구가들은 이 '바라봄'의 효력을 극대화하기 위한 요령을 알아냈다. 대표적으로 3가지를 꼽는다.

　첫째, 자주 바라보라! 미래의 목표를 반복해서 시각화할수록, 그만큼 그에 대한 욕구와 신념이 강화된다는 것이다.

　둘째, 선명하게 바라보라! 자신이 원하는 것을 상상 속에서 선명하게 그려내고 그것을 강한 신념으로 바라볼수록 그것의 실현

가능성이 높아진다는 것이다.

셋째, 계속 바라보라! 상상하는 시간이 길수록 그것은 잠재의식에 명령처럼 수용되고, 잠재의식은 우리가 그린 이미지에 맞도록 우리의 말과 행동, 감정을 조절하여 꿈의 성취를 향해 나아간다는 것이다.

그러므로 희망을 품는 것에 머물지 말고 그 희망을 현실처럼 바라볼 줄 알아야 한다. 그리고 기회가 있을 때마다 시각화를 통해 머릿속을 이상적인 그림으로 가득 채우는 것이다. 그러면 마치 마술처럼 또는 자연법칙처럼 꿈은 어느새 현실이 되어 있을 것이다.

여기 또 한 사람의 증언이 있다. 한번은 모 뉴스채널에서 인터뷰 요청이 와서 만남을 가졌다. 당시 취재 나온 여성 아나운서가 대뜸 나를 보고 상기되어 하는 말이 흐뭇했다.

"신부님을 직접 뵐 줄은 정말 몰랐어요. 사실 제가 대학생 때 《무지개 원리》를 읽고 매일 아나운서가 되길 꿈 꿨거든요. 그런데 이렇게 원하던 대로 아나운서가 되어 신부님 인터뷰까지 오게 되다니! 정말 기뻐요."

그렇다. 우리가 집요하게 꿈을 품고 있으면 그 꿈은 언젠간 이루어지고, 이처럼 불쑥 꿈의 성취를 함께 기뻐할 수 있는, 꿈의 격려자 또한 만날 수 있는 보너스가 주어지는 게 아니겠는가!

가시적인 도구　　2차 세계대전 당시 미국 태평양함대 사령관이었던 니미츠가 소위로 근무할 때의 일이다. 어느 날 니미츠가 근무하는 함대에 중요한 행사가 열려, 해군 대장이 방문하였다. 그런데 순간 그의 계급장이 갑자기 망가지는 일이 발생하였고, 당황한 그는 전 함대에 급히 전보를 쳤다.

"대장 계급장을 갖고 있는 자는 즉시 신고할 것!"

하지만 그 함대엔 대장급 장군이 없었다. 결국 해군 대장은 계급장 없이 행사를 치렀다.

그런데 뒤늦게 작은 함정에서 계급장을 소지하고 있다는 연락이 왔다. 그 주인공은 햇병아리 소위 니미츠였다.

"아니, 소위인 자네가 어떻게 대장 계급장을 갖고 있지?"

해군 대장의 물음에 니미츠는 멋쩍은 듯 허나 당당하게 대답했다.

"예! 제가 소위로 임관할 때 애인이 선물로 준 것입니다."

자신감 있는 니미츠의 태도가 마음에 든 대장은 그를 격려했다.

"자네, 정말 대단한 애인을 두었군. 좋아, 열심히 노력해서 꼭 대장이 되도록 하게."

그 뒤 니미츠는 노력 끝에 많은 공을 세웠고, 마침내 대장으로 승진했다. 대장 계급장을 선물했던 애인은 후에 니미츠의 부인이 되었다.[4]

대단한 지혜다. 꿈을 상상으로만 시각화한 것이 아니라, 가시적
인 것을 활용하여 시각화하였으니 여간 슬기로운 처사가 아니지
않는가!

누적의
법칙

2만 번 말하면 이루어진다　　"같은 말을 2만 번 이상 반복해서 말하면, 그것은 현실이 된다!"

　미국의 인디언들 사이에서 진리로 통하는 속담이다.

　왜 굳이 '2만 번'이어야 하는지, 그 까닭은 알 수 없다. 그럼에도 나는 이 말을 곧이곧대로 믿는다. 나는 이를 충분한 양의 사례탐구를 통해서 확신하게 되었다. 책을 통해서, 직접·간접으로 들어서, 거의 100% 개연성을 인정하게 되었다.

　꼭 2만 번이 아니라도 그 어떤 염원이 필요로 하는 횟수를 채우게 되면, 그 말은 현실이 될 가능성이 높아진다.

　2차 세계대전이 끝난 후 당시 소련이 루마니아에 사는 독일인을 강제 징집할 때 17세의 독일 소년 레오는 가족들의 대표로 수용소에 이송되었다. 그곳에서 많은 사람들이 강제노역과 영양실조, 그리고 혹한으로 죽어나갔지만 레오는 살아남았다. 그가 극한의 상황에서 생존할 수 있었던 것은 할머니의 한마디 말 때문이었다고 한다.

"너는 돌아올 거야."

이 이야기는 2009년 노벨 문학상 수상자인 헤르타 뮐러의 소설 《숨그네》의 내용이다. 작가는 이 이야기를 루마니아에서 망명한 독일계 시인이자 실제 우크라이나 수용소에서 5년을 보냈던 오스카 파스티오르의 구술을 바탕으로 쓴 것이라 밝혔다.

할머니가 확신으로 던진 희망의 말! 그것이 손자를 죽음의 질곡에서 구출해 냈다. 할머니의 이 말은 손자의 뇌리 속에서 힘들 때마다 반복해서 들려오는 메아리가 되어주었으니, 방금 언급된 누적의 법칙이 효력을 발휘할 수밖에!

예고된 수확   희망은 정말로 말하는 대로 이루어진다. 내가 희망을 품고, 희망을 그리고, 희망을 말하면, 희망은 이루어진다.

프랜차이즈 떡볶이를 오픈한 지 3년 만에 140점 이상의 체인점을 론칭하고 연매출 120억 원을 기록한 청년사업가. 떡볶이로 국가대표가 되겠다는 꿈을 갖고 상호를 '국대떡볶이'로 지어 이름 그대로 큰 성과를 이루고 있는 이 회사 대표 김상현! 그가 꿈을 이룰 수 있었던 비결은 무엇이었을까.

"저는 컴퓨터 모니터에 '꿈. 꿈은 날짜와 함께 적어 놓으면 그것은 목표가 되고…' 라는 문구를 적어놓고 매일 봅니다."

과연 그는 자신이 예고한 대로 '국가대표' 떡볶이 사장으로 우뚝 섰다. 글이건 말이건 매일 반복해서 누적시키다 보면 반드시 이루어진다는 진리의 산 증인이 된 것! 그는 고백한다.

"믿으면 이루어진다는 가장 뻔하지만 기본적인 진리를 굳게 믿으세요. 꿈이 이루어진다고 믿는 이들의 꿈은 반드시 이루어집니다. 내가 지금 당장 가진 것이 무엇이고, 어디에 살고, 나의 처지가 어떤지는 중요하지 않습니다. 다만 믿느냐 믿지 않느냐가 중요합니다. 말이 씨가 된다는 옛말이 틀리지 않습니다. 말하는 대로 이루어진다는 진리는 어디서도 통합니다. 꿈을 향해서라면 바보가 되십시오. '미친놈' 소리를 들을 정도로 꿈을 향해 달려 나가고 되새기십시오."[5]

한번 꿈을 품었으면 '미친놈' 소리를 들을 정도로 여기저기 떠벌리고 다니는 것도 좋은 일이다. 혼잣말도 좋고, 공개발언도 좋다. 마침내 요구되는 누적량이 채워지는 날, 그날이 바로 우리의 날이 되리라.

나의 중간 결산 나 역시 '희망의 말' 덕을 톡톡히 보았다. 군대 훈련 시절 동초(=움직이는 보초)를 서다가 시간이 무료해서 옆의 동료와 담소를 나눴다.

"넌 제대하면 무엇을 하고 싶냐?"

그 친구가 뭐라고 말했는지는 기억이 나지 않지만, 그가 되물었던 것만은 확실하다.

"너는?"

"나? 나는 당장은 힘들겠지만 나중에 '연구소' 하나 세워서 운영하고 싶어! 그리고 그 성과를 토대로 '작가' 활동을 하고 싶어!"

실토하건대, 준비된 대답이 아니었다. 갑자기 날아온 질문에 임기응변으로 뱉은 답이었다. 모르긴 몰라도 무의식중에 자라나고 있던 꿈의 씨앗이었음은 부인할 수 없는 사실일 터다.

그런데, 이 말이 그대로 현실이 되었으니, 얼마나 놀라운 일인가! 지금 사람들이 나를 소개할 때 꼭 포함되는 말이 '연구소 소장'과 '베스트셀러 작가'니 말이다.

미리 선포한 말이 그대로 이루어진 사례는 나에게 거의 다반사다. 《무지개 원리》가 아직 무명이었을 때, 나는 "이 책은 세계 여러 나라 언어로 번역될 것이다"라고 뜬금없는 얘기를 하고 다녔다. 아직 번역이 시작도 안 되고 아무도 번역하겠다고 나서지도 않았을 때부터 계속 떠들고 다녔더니 결국 6개 국어로 번역되었다.

이런 경험에서 나는 하나의 결론을 얻었다. 그것을 나는 좀 과장하여 이렇게 전한다.

희망의 뻥쟁이가 되라.
꿈의 허풍을 떨어라.
꿈을 떠벌리고 다녀라.
언젠가는 스스로 놀라는 일이 생기리라!

괜찮다 괜찮다   지치고 힘들 때는 어떻게?

살다 보면 반드시 지치고 힘들 때가 찾아온다. 그럴 땐 어떻게든 기운을 공급받을 필요가 있다. 그 길이 묘연할 때 사람들은 묻는다.

"꿈을 좇다가 기운을 소진했습니다. 어디에서 활력을 얻을 수 있겠습니까?"

답은 의외로 쉽습니다. 바로 희망을 충전하는 것입니다. 어떻게? 빈말이라도 희망을 부르면, 희망은 저절로 충전됩니다.

20세기 전세계인의 희망멘토 넬슨 만델라는 그 자신 극한의 절망에서 어떻게 희망을 충전할지 터득했던 인물입니다.

그는 남아프리카공화국의 인종격리정책인 아파르트헤이트(apartheid)를 철폐하기 위해 싸우다 투옥돼 종신형을 선고 받았습니다. 독방에 갇힌 지 4년째 되던 해에 어머니가 돌아가시고 이듬해 큰아들마저 자동차 사고로 목숨을 잃었지만 그는 장례식조차 참석할 수 없었습니다. 감옥 생활로 14년 째 되던 해, 큰딸이 자식을 낳았다며 딸의 이름을 지어달라고 만델라를 찾아왔습니다. 그는 고개를 끄덕이며 딸에게 작은 쪽지를 내밀었습니다. 쪽지 안에는 이렇게 적혀 있었습니다.

'아즈위.'(Azwie: 희망)

　궁할 땐 빈말이라도 힘이 됩니다. 그럴진대 사랑스런 손주에게 할아버지의 애정을 담아 붙인 이름 '아즈위'(=희망)는 얼마나 더 큰 격려가 되었을까요. 생각할 때마다, 부를 때마다, 그리워질 때마다 희망, 희망, 희망… 이 메아리가 감옥 안에서나 감옥 밖에 있는 가족들에게나 하늘에서 들려오는 응원이었을 것입니다.

　크리스토퍼 콜럼버스. 그는 미지의 세계를 향해 스페인을 떠났습니다. 사나운 바람과 거센 파도, 보이는 것은 끊임없이 펼쳐진 바다와 하늘뿐…. 선원들은 분노와 두려움에 몸을 떨었습니다. 식량과 물은 점점 동이 났습니다. 선원들은 콜럼버스를 붉게 충혈된 눈으로 노려보았습니다. 이는 스페인으로 귀항하자는 암묵의 협박이었습니다. 분명히 인간의 힘으로는 어찌할 수 없는 한계상황이었습니다.

　그럼에도 콜럼버스는 태연하게 책을 읽고 있었습니다. 절망하는 선원들을 향해 그는 이렇게 말했습니다.

　"나는 나침반이나 선박의 성능을 믿고 항해를 시작한 것이 아니오. 나를 움직이는 동력은 꿈과 소망일 뿐. 나는 지금 희망의 책, 이사야서를 읽으며 새로운 에너지를 충전하고 있소!"[6]

　콜럼버스로 하여금 모든 것이 끝장난 상황에서도 중도포기하지 않고 마침내 아메리카 대륙을 발견하게 해 주었던 것은 뛰어난 항해술이 아니라 원대한 꿈 곧 희망의 충전이었습니다.

희망은 쓰러지지 않습니다. 한 사냥꾼이 30마리의 사냥개를 풀어 토끼를 잡으러 나갔습니다. 광활한 들판에서 30마리의 사냥개들은 한 마리의 토끼를 쫓아 마구 달렸습니다. 그런데 어느 시점이 지나자 29마리의 사냥개가 헉헉대고 쓰러지기 시작했습니다. 단 한 마리의 사냥개만이 이미 숲속으로 들어가 보이지 않는 토끼를 쫓아 열심히 뛰어갈 뿐이었습니다.

왜 이런 일이 생긴 것일까요? 사실 포기해 버린 29마리의 사냥개들은 토끼를 직접 보고 달린 게 아니었습니다. 앞의 사냥개를 쫓아 덩달아 뛰었을 뿐이었습니다.

맨 먼저 달렸던 사냥개만 토끼를 직접 봤기 때문에 그 토끼를 잡아야 한다는 생각으로 끝까지 달릴 수 있었던 것입니다.

토끼를 발견한 사냥개가 끝까지 쫓아가듯이, 희망을 품은 사람은 어떤 난관에도 중도에 쓰러짐이 없습니다. 반면에 희망이 없는 사람은 작은 시련에도 쉽사리 무릎을 꿇고 맙니다. 같은 시련에 처해져도 희망을 갖느냐 안 갖느냐에 따라 결과는 전혀 딴판으로 갈리는 것입니다.

희망은
도약한다

약점을
통해

한계상황을 연구한 철학자　　　우리와 동시대를 살았던 독일의
실존주의 철학자 야스퍼스는 인간의 '한계상황'을 초월의 계기로
보았다. 즉, 죽음, 고통, 갈등, 죄책감 등 인간의 4가지 대표적인
한계상황은 인간으로 하여금 자기를 초월하여 이상, 나아가 '포괄
자'를 찾게 만든다는 것! 여기서 포괄자란 세상만사를 설명할 수
있고 책임질 수 있고 해결할 수 있는 존재, 곧 신을 가리킨다. 시
쳇말로는 궁극, 종결자 등과 통하는 말로 봐도 무방할 것이다.

　어쨌든 야스퍼스의 말은 맞다. 이 세상의 모든 발전은 한계상황
에서 출발한 것이라고 말해도 틀리지 않는다. 그리고 모든 창조적
고뇌는 한계상황에서 비롯된다는 사실엔 누구나 동의한다.

　야스퍼스는 굳이 4가지를 꼽았지만, 사실 한계상황의 종류와
크기는 계량할 수 없다. "더 이상은 못 하겠어", "이게 나야", "벽

에 부딪쳤어", "밑바닥을 쳤지", "끝장이야" 등의 배냇소리가 나오는 상황은 다 한계라 할 수 있으니 말이다.

야스퍼스의 매력은 그가 바로 이런 한계상황을 절망의 이유로 보다는 희망의 계기로 보려 했다는 데 있다.

그런데, 한계상황의 경험은 아무래도 나이에 비례한다고 볼 수 있다. 이는 나이를 먹을수록 한계체험의 스펙트럼이 넓어지고, 그 결과로 자기초월을 통한 예지가 깊어진다는 얘기가 된다. 빅토르 위고가 "젊음은 아름답지만, 노년은 찬란하다. 젊은이는 불을 보지만, 나이 든 사람은 그 불길 속에서 빛을 본다"라고 말했던 것은 바로 이런 까닭에서일 것이다.

왜 청년에게는 불만 보이는가? 한계체험으로만 열리는 심미안이 아직 성글기 때문이다.

왜 노년에게는 불길 속 빛이 보이는가? 숱한 연단을 통하여 그 심미안이 레이저처럼 예리해졌기 때문이다.

약점들의 반란　　누구나 지니는 약점, 이것이야말로 한계의 전형이라 볼 수 있다.

왕자 세종은 어린 시절 몸이 매우 허약했다. 매일같이 약을 입에 달고 살았으며, 다른 형제들처럼 말타기나 활쏘기를 즐기지도 못했다. 그렇지만 세종은 다른 놀이나 운동을 즐길 수 없음을 투

정하기보다, 몸이 약해도 잘할 수 있는 책읽기에 빠져들었다.

얼마 안 가 아버지 태종은 두 형들에 비해 월등한 세종의 학덕을 높이 샀다. 그 덕에 세종은 22세의 나이로 왕위에 오르게 되었다. 이것이 우리 민족이 세종대왕을 얻게 된 뒷이야기다.

그에게는 약점이 오히려 강점으로 작용하였다. 병약하여 무술연마의 한쪽 문이 막혔지만, 한글창제와 과학입국을 주도한 대왕 성군이 되기 위한 다른 문이 열렸던 것이다.

약점을 강점으로 변모시키는 반전의 계기로 삼은 것! 그것은 절망이 아닌 희망이었다. 대부분의 사람들이 자신의 단점으로 인해 의기소침해진다. 그럴 필요가 없다. 오히려 단점을 장점으로 활용할 궁리를 해 볼 일이다.

'철의 여인'의 원조이자, 이스라엘의 최초 여성총리로 당선되었던 골다 메이어. 그녀는 총리에 취임한 뒤 외교수단을 통한 중동문제의 평화적 해결을 강조했을 뿐 아니라, 정치계를 은퇴한 후에도 그 영향력을 잃지 않았다. 누구보다 열정적으로 노력한 정치가였다.

그런 메이어에게 한 가지 유명한 비화가 있다. 살아생전 그녀는 12년 동안 백혈병을 앓았던 것. 그녀가 세상을 뜬 후에 밝혀진 이 사실에 사람들은 모두 경악했다.

"그렇게 많은 활동을 하던 그녀가 아픈 사람이었다니!"

그녀의 에너지는 도대체 어디서 비롯된 것이었을까? 자서전에서 그녀는 이렇게 말하고 있다.

"내 얼굴이 못난 것이 다행이었다.

내가 못났기에 나는 열심히 기도했고 공부했다.

내가 부족했기에 언제나 그분께 지혜를 청했다.

그렇게 나의 약함은 이 나라에 도움이 되었다."

이런 의미에서 약점은 유쾌한 반란이다.

화를 복으로 바꾸는 발상 "궁하면 통한다"는 말이 있듯이, 필요는 새로운 발상을 가져온다. 줄곧 희망의 끈을 붙잡고 있는 조건에서 말이다.

뉴욕 브루클린에 정육점을 운영하는 윌리엄 리바인이라는 사람이 있었다. 희한하게도 그는 한 달 동안 무려 4번이나 강도를 만났다. 그때부터 그는 목숨을 지키기 위한 차원으로 방탄조끼를 구해 입고 일하기 시작했다.

그런데 그 모습을 본 주변 상인들이 그에게 방탄조끼를 구해달라고 요청하기 시작했다. 뜻하지 않게 방탄조끼 주문을 받기 시작한 그는, 결국 정육점을 정리하고 '방탄조끼 주식회사'를 설립했다. 훗날 이 회사는 40여 개 도시에 대형점포를 가진 회사로 성장했다. 리바인은 고백했다.

"제 인생에서 강도를 4번 만난 것이 제 사업의 성공비결입니다."[1]

살면서 한 번 만날까말까 한 강도를 무려 4번씩이나! 그것도 한 달 사이에!

만약 비관적인 태도를 지닌 사람이라면 자신을 억세게 운 나쁜 사람이라 여기고 신세타령만 한다거나, 대인기피증 내지 피해망상증에 시달리지 않았을까.

하지만 윌리엄 리바인은 희망적인 태도를 잃지 않았기에, 오히려 그 충격적인 체험을 전화위복의 기회로 삼을 줄 알았다. 그는 오히려 화를 복으로 바꾼 것이다.

시드로우 백스터는 말한다.

"장애물과 기회의 차이는 무엇인가? 그것에 대한 우리의 태도다.

모든 기회에는 어려움이 있으며 모든 어려움에는 기회가 있다.

어려운 환경이 닥쳤을 때, 뛰어난 태도를 지닌 사람은 최악의 상황을 최대한으로 이용한다."

사실, 이런 지혜로운 태도는 배워서 갖추는 것이 아니다. 누구든지 본능적으로 그런 태도를 취한다. 누구에게든지 크든 작든 이와 관련된 자신만의 경험, 성공담을 가지고 있다. 그러기에 사족이 필요 없다. 그럼에도, 남들의 드라마틱한 인생역전 이야기를 통해 우리 자신의 희망을 채근하는 자극을 얻을 수 있으니, 평소 눈여겨보고 귀담아듣는 습관을 들이는 것도 현명한 일이겠다.

불안을
통해

불안의 심리학　　불안! 우리를 거머리처럼 따라다니며 끊임없이 괴롭히는 심리현상이다. '불안'은 '공포'와는 다른 것이다. 눈앞에 주어진 자극이나 위협에 대해서 본능적으로 생기는 원초적 반응을 '공포'라고 한다. 그러나 '불안'은 반드시 생각의 결과로써 생긴다. 자신의 존재와 관련해서 어떤 위기나 피해를 미리 상상하거나, 불길한 일을 예상할 때 그 생각으로 인해서 생기는 것이 불안이다.

　그렇다고 불안은 아무 때나 찾아오지 않는다. 꼭 크든 작든 생존의 위기가 감지될 때 호위병처럼 따라붙는다. 앞으로 닥칠 사태에 대해 일종의 긴장을 주문하는 전조인 셈이다. 이런 불안 심리를 심리분석가 프리츠 리만은 이렇게 요약한다.

　"불안은 우리를 활동적으로 만들고 한편으로는 우리를 마비시킨다. 〔…〕 불안을 받아들이고 그것을 다스려 이겨내려는 것은 한 걸음 발전을 의미하고, 그 한 걸음만큼 우리를 발전하게 한다. 반면 불안이나 불안과의 대결을 회피하는 것은 우리를 정체시킨다. 〔…〕 불안은 우리의 발전에서 특별히 중요한 지점들에서 제일 먼저 의식 속으로 온다. 즉 친숙한 옛 궤도들을 떠나는 곳에, 새로운 과제를 감당하거나 변화해야 하는 지점에 불안이 온다. 발전, 성장, 성숙은 그러니까 명백히 불안 극복과 깊은 관계가 있다."[2]

그렇다면, 불안을 무조건 피하려 할 것이 아니라, 역이용하는 것도 지혜라는 얘기가 된다.

둘 중 하나   철학자 키에르케고르는 이 '불안'이 도약의 계기가 된다고 간파했다. 그 계기를 죽이는 것이 절망이며, 살리는 것이 희망이라는 말이다.

그는 사람에게는 심미적 삶, 윤리적 삶, 종교적 삶, 이렇게 3단계 삶이 있다고 보았다. 여기서 불안이 앞 단계에서 다음 단계로 나아가는 원동력으로 작용한다고 한다.

우선 사람은 본능적으로 심미적(審美的)인 삶을 산다고 한다. 이 단계에서 사람들은 감각적 쾌락을 좇아 살거나 환상에 빠져서 산다. 삶을 기분풀이로 여기며 쾌락을 탐닉하면서 살아간다. 그러나 이것만으로 인간은 결코 행복해질 수 없다. 이러한 삶은 결국 권

태와 싫증에 다다를 수밖에 없다. 이때 불쑥 '불안'이 밀려온다. 이 불안 앞에서 인간은 절망을 선택할 수도 있고, 희망을 선택할 수도 있다. 절망은 좌절과 타락으로 이끌고, 희망은 도약하게 만든다. 이렇게 해서 절망의 유혹을 극복하고 희망을 붙들면, 윤리적 삶으로 도약하게 된다.

불안으로 인해서 이제 두 번째 단계인 윤리적(倫理的)인 삶이 시작된다. 이 단계에 이르면 인간으로서 지켜야 하는 보편적 가치와 윤리에 따라 생활하게 된다. 사람은 이제 내면의 양심에 호응하고 의무에 성실하려고 애쓴다. 이제 비로소 인간은 '되어야 할 것'이 된다. 그러나 이 단계도 결국 벽에 부딪치고 만다. 높은 도덕에 이르지 못하는 능력의 한계 그리고 현실의 모순과 부조리에 무력함을 절감한다. 윤리적으로 산다는 것이 뜻대로 잘 안 되고, 또 윤리적으로 산다고 세상이 알아주는 것도 아니고, 오히려 엉터리로 사는 사람들이 망하지도 않는 것처럼 보이기 때문이다. 이에 맞서서 고뇌하는 인간은 마침내 죄의식과 불안에 빠진다. 그러면 또 절망 아니면 희망을 선택해야 한다. 절망을 택하면 다시 타락하여 '옛 생활'로 돌아가 버리고 만다. 반면, 희망을 선택하면 현실적 한계와 부조리의 해결사로서 신을 찾는 삶으로 도약하게 된다. 결국, 종교적 인간이 되는 것이다.

마침내 불안은 윤리적인 삶에서 종교적(宗敎的)인 삶으로 옮겨가도록 사람들을 이끌어준다. 키에르케고르는 인간으로서 완전하고 참된 삶은 세 번째 단계인 '종교적 단계'에 와서야 비로소 실현된다고 말한다. 스스로의 결심에 따라 진정으로 신을 믿고 따를 때에 인간으로서의 무력감과 모순을 떨쳐버리고 완성된 삶을 살 수 있다는 것이다.

여기서 중요한 것은 한 단계에서 다른 단계의 삶으로 옮겨가는 것은 자기 자신의 주체적 결단과 도약에 의해서만 가능하다는 사실이다. 그런데 이를 가능하게 해 주는 것이 바로 희망인 것이다.

피하지 말고 이용하라　　이처럼 불안은 도약의 계기가 되고, 그 계기를 살리는 것이 희망이다. 키에르케고르의 이러한 예지는 한 러시아 과학자들의 동물 실험 결과에서 간접적으로 입증되었다.[3]

두 그룹의 실험 대상이 있다. 첫째 그룹의 동물들에게는 어떤 위험 요소 없이 풍성한 음식과 상쾌한 공기, 안락한 환경이 주어졌다. 둘째 그룹에게는 걱정과 기쁨이 공존하는 공간을 제공했다. 동물들은 초원에서 한가로이 놀다가도 가끔 맹수의 습격을 받았고, 먹이를 얻기 위해서는 직접 노력해야 했다.

연구 결과, 안락한 환경에서 살던 동물들이 훨씬 빨리 병들어 죽어갔다. 바꿔 말하면 긴장과 불안, 노력을 요하는 환경에서 동물들의 건강과 장수가 보장되었던 것이다. 물론, 동물에게는 희망이 없으니까 대신 그 역할을 했던 것이 살려는 본능이었던 것이고.

인간이라고 다를까? '세균의 창시자'로 불리는 파스퇴르의 업적은 놀랍게도 미래에 대한 불안으로 인해 이루어진 결과라고 한다.

그는 화학의 매력에 빠져 연구에 몰두하던 중 46세에 뇌출혈로 반신불수가 되었다. 이때 가장 먼저 떠오른 것은, 이 병 때문에 연구를 중단하게 되는 것은 아닐까 하는 '불안'이었다고 한다. 결국 그는 어떻게 될지 모를 미래를 위해 할 수 있는 동안 더 많은 연구를 하자는 '희망'에서 연구에 몰두하게 되었다. 이에 그는 해로운 미생물 때문에 질병이 발생한다는 것을 밝혔고 탄저병 백신을 만드는 데 성공하여 역사에 이름을 남겼다.

적당한 불안은 최상의 능력을 발휘하도록 도움을 주기도 한다. 스포츠계에서 라이벌의 존재는 기록갱신을 위하여 꼭 필요한 존재다. 라이벌은 불안감의 마르지 않는 샘으로서 나의 부단한 연습과 긴장을 독려하는 유익한 존재인 것!

그러므로 불안이 엄습할 때, 불안에서 도망치려고만 해서는 안된다. 오히려 불안을 이용하여 도약, 곧 발전을 꾀하는 기회로 삼아야 한다. 용약하는 희망의 도움을 빌려서 말이다.

고통을
통해

정원수를 즐기는 심미안　　어떤 혹독한 고난도 강인한 희망으로 견뎌낸 이야기를 들으면, 우리는 절로 "아름답다!"라고 탄복한다.

내가 언젠가 조경전문가에게 들은 이야기다. "야, 저 소나무 굉장히 멋있다. 아주 멋지다" 해서 정원에 가져다 심는 나무들은 하나같이 비정상적으로 발육된 나무란다. 악조건을 무릅쓰고 생존하기 위하여 뒤틀리며 성장한 나무들인 것이다.

이 얼마나 놀라운 사실인가! 건강하게 곧게 쑥쑥 자란 나무들은 잘라서 건축물 재료들로 쓰는데, 온갖 풍파를 겪은 나무들은 우리가 보고 "아름답다!"라며 찬탄하는 것이다.

값나가는 나무들은 시쳇말로 기형들이다. 바위틈에서 그늘에서 햇빛을 향해 가지를 뻗느라 몸이 굽고 뒤틀려 자라나게 되는 것이다. 그런데 사람들은 그 오묘한 멋스러움에 더 환호한다.

왜 인간은 소위 그런 '기형 소나무'에 끌리는 것일까?

바로 인간 안에는 역경을 극복한 것을 포착하고 즐기는 천부적인 눈이 있기 때문 아닐까. 극한의 조건에서도 생존의 의지로 살아남은 영웅을 그리워하는 본능의 발로로서, 자신들의 거실 가장 잘 보이는 자리에 그것들을 두고 보기 좋아하는 것이다.

"근사해! 저 울퉁불퉁한 마디 좀 봐! 뒤틀린 모습이 여간 위엄스럽지가 않아."

"……."

이런 눈으로 우리 주변을 바라보면 얘기는 사뭇 달라진다. 모르긴 몰라도 신은 늘 그러한 눈으로 우리들을 보고 있을 것이다.

멀쑥하게 불편 없이 잘 자란 사람은 신의 눈에는 별로다. 고통과 역경을 이겨낸 이들, 그 한가운데를 헤쳐 나간 이들에게 훨씬 더 큰 매력을 느끼지 않을까. 그리하여 손마디가 울퉁불퉁하여 인생의 연륜이 배어 있고, 다리도 고생하면서 휘고, 허리도 구부정해진 사람을 보면서 신은 "와, 저거 작품인데" 하지 않을까.

생존의 내공　　나는 누구보다도 고난이 절망을 거부하고 희망과 어우러져 가져다준 결실을 잘 안다. 저술이나 강연 때에 그에 얽힌 추억은 빛을 발한다.

어느 한 주제에 대해서 언급할 때에 열심히 말하면서도 뭔가 맨송맨송하고 그저 그렇다 싶을 때가 있다. 그럴 때는 영락없이 책에서 읽은 지혜를 전달할 경우다.

반면, 말하는 도중 갑자기 힘이 들어가고 재미와 확신이 더해지면서 청중들에게 감동을 불러일으키는 때가 있다. 십중팔구 내가 직접 고생에서 희망의 낚시로 건져 올린 지혜를 전할 경우가 꼭 그렇다.

희망은 고통에서 성장을 이끌어낸다. 한 연구 결과를 따르면, 고통은 '지혜'라는 결실을 맺는 것으로 나타났다.

독일 베를린의 막스플랑크교육연구소가 15년 동안 1천 명을 대상으로 연구한 끝에 지혜로운 사람들이 갖는 공통점을 다음과 같이 밝혀냈다.[4]

지혜로운 사람들은 대부분 역경이나 고난을 극복한 경험이 있었다. 인생의 쓴맛을 본 사람들이 순탄한 삶을 살아온 사람들보다 훨씬 지혜롭다는 결과가 나왔다.

이 연구는 또한 똑같은 상황에서 삶의 태도가 전혀 다른 결과를 가져왔음을 알아냈다. 동일한 조건에서 개방적이고 창조적인 사람들은 지혜의 빛을 발하여 위대한 업적을 이룩했던 반면, 고집이 세고 괴팍한 사람들은 오히려 지혜와 신용을 잃었다는 것이다. 여기서도 관건은 희망적 태도가 있었는가 없었는가였던 것!

그렇다. 고통에서도 희망을 견지하면 삶의 지혜가 생긴다. 그리고 고난을 잘 활용하면 일취월장의 계기가 된다. 이런 까닭에 영국 시인 바이런은 말했다.

"시련이란 진리로 통하는 으뜸가는 길이다."

그러므로 지금 혹시 자신이 어려움을 겪고 있다면, 바로 이 시기가 지혜가 성장하는 시기, 곧 생존의 내공을 쌓는 시기라고 희망적으로 생각할 일이다.

주변을 보면 사람은 여러 가지로 고통을 겪는다. 건강의 악화, 인간관계의 갈등, 학업의 부진, 사업의 실패 등 고통의 유형은 다양하다. 그리고 그 고통으로 인해 우리는 쉽게 절망에 빠진다.

하지만 이제 깨달아야 한다. 고통이 절망의 이유가 될 수 없다. 오히려 희망으로 그 고통을 맞이할 때, 고통은 아름다움과 지혜에로 도약하는 발판이 되는 것이다.

'인생찬가' 뒷얘기　"잔잔한 바다에서는 좋은 뱃사공이 만들어지지 않는다"라는 영국 속담이 있듯이, 명작은 고난의 터에서 움튼다. 몇 년 전 모 TV방송국의 대표 프로그램 중 하나였던 〈낭독의 발견〉에 출연했을 때, 작가가 내 인생철학과 통하는 시 한 편 선정해 오라고 주문을 해 왔다. 나는 망설임 없이 헨리 워즈워스 롱펠로의 〈인생찬가〉를 골랐다. 그의 폭포수 같은 예찬의 몇 대목을 음미해 보자.

인생은 한낱 헛된 꿈이라고
내게 슬픈 노랠랑 부르지 말라!
잠자는 영혼은 죽은 영혼
사물은 보기와는 다른 것.
[…]

예술은 길고 세월은 덧없어라.
우리의 가슴은 든든하고 용기로 차 있으나
감싸인 북처럼 무덤을 향해
오늘도 장송곡을 울리고 있도다.

이 세상의 넓은 싸움터에서
인생의 야영장에서
그대 말없이 쫓기는 가축의 무리가 되지 말고
싸움에 앞장서는 영웅이 되어라!
[…]

당시 반응은 뜨거웠다. 현장의 방청객 가운데 시 본문을 청하는
이도 있었고, 애청자들로부터 문의도 꽤 있었다고 한다.

내가 이 시를 특히 좋아하는 까닭은, 옥토가 아니라 척박한 황무지에서 움튼 시이기 때문이다.

19세기 미국을 비롯하여 세계에서 가장 사랑받은 시인 롱펠로는 숱한 역경과 고난을 겪었던 인물이다. 1807년 미국 메인주 포틀랜드에서 출생한 그는 24세에 포터라는 여인과 결혼했으나 4년 뒤 유럽여행 중 난산 끝에 그녀를 잃고 말았다. 그 후 36세에 애플턴과 재혼하여 2남 4녀를 두고 18년간 화목한 생활을 영위하는 듯했으나, 4살배기 어린 딸의 이른 주검을 보게 되고 이내 그의 두 번째 아내 또한 화재사고로 잃고 말았다.

이렇듯 그의 삶은 걷잡을 수 없는 슬픔의 연속이었음에도 불구하고, 그는 어떤 원망이나 저항 없이, 인생에 대한 찬미의 시를 읊었다.

어느덧 임종을 앞둔 롱펠로에게 한 기자가 물었다.

"선생님은 그 힘든 과거를 겪으면서도 작품에는 진한 인생의 향기가 담겨 있습니다. 그 비결이 무엇입니까?"

롱펠로는 마당의 사과나무를 가리키며 말했다.

"저 나무가 나의 스승이었습니다. 저 나무는 매우 늙었습니다. 그러나 해마다 단맛을 내는 사과가 주렁주렁 열리지요. 그것은 늙은 나뭇가지에서 새순이 돋기 때문입니다."

'고목'에서 '새순'을 보는 눈, 그것은 바로 희망의 눈이었다.

괜찮다 괜찮다 좌절이 올 때, 출구를 어디서 찾아야 하는가?

여기저기서 살기가 힘들다고 아우성이다. 거리에서는 실패로 좌절하고 낙심한 얼굴들이 어깨를 축 늘어뜨린 채 음울한 기운을 뿜어댄다. 연이어 발표되는 생활고 관련 통계수치들은 한국 사회가 얼마나 각박해졌고, 삭막해졌는지를 여실히 드러내주고 있다. 던져지는 물음들은 처절하다.

"하루하루 살아내고 있다고 해야 옳을 것입니다. 매일 좌절과 씨름하며 억지로 살고 있습니다. 어디서 출구를 찾아야 하나요?"

아무리 고통을 좋은 뜻으로 포장해도, 막상 고통이 닥치면 피하고 싶은 것이 사람의 마음입니다. 피하고 싶다고 피해지지 않으니 그 괴로움은 더 커집니다. 최선의 선택은 고통의 피해자가 되는 것이 아니라, 고통을 감내하는 주체가 되는 것입니다. 시인 라이너 마리아 릴케가 아주 좋은 방법을 가르쳐주고 있습니다.

"너의 마음속에 해결되지 않은 모든 것을 향하여 인내하라. 그리고 문제 자체를 사랑하려고 노력하라. 〔…〕 답을 찾으려 하지 말라. 그것은 너에게 주어질 수 없다. 왜냐하면 너는 그 답과 더불어 살 수 없을 것이기 때문에. 중요한 것은 그대로 모든 것과 함께 살아가는 것이다. 문제 속에서 그대로 그냥 살자. 그러면 먼 훗날 언젠가 너도 알지 못하는 사이에 서서히 답 속에서 살게 될 것이다."

　인생의 본질을 꿰뚫어 본 시인답게 알토란 같은 답을 제시하고
있습니다. 답답해도 인내로써 문제 속에서 그냥 사는 것입니다.
문제 자체를 사랑하면서, 답을 찾으려하지 말고 답이 불현듯 오기
를 기다려주는 것입니다!

　지금 나에게는 중국의 한 시대를 풍미한 최고지도자로 각광받
았던 덩샤오핑이 힘들고 어려울 때 외웠다는 시가 생각납니다. 알
다시피 덩샤오핑은 오늘의 경제 강국 중국을 있게 한 인물입니다.
그는 청년 시절 마오쩌둥을 따라 극한의 여정인 중국대장정에 참
여했고, 이후 파란만장한 중국의 현대정치사에서 3번이나 실각했
다가 복권되는 혹독한 고난을 치러야 했습니다. 그가 감당해야 했
던 시련은 지금 우리가 말하는 '좌절'과는 차원이 달랐습니다.
　그로 하여금 이런 극단적인 역경의 연속에도 굴복하지 않도록
해 주었던 것은 그가 즐겨 암송했던 시였습니다.

　　하늘이 장차 큰 임무를 사람에게 내리려 할 때는(天將降大任於是
　　人也)
　　반드시 먼저 그 마음을 괴롭게 하고,(必先苦其心志)
　　그의 근골을 수고롭게 하며,(勞其筋骨)

그의 몸을 굶주리게 하고,(餓其體膚)

그의 몸을 곤궁하게 하고,(空乏其身)

어떤 일을 행함에 그가 하고자 하는 바를 뜻대로 되지 않게 어지럽게 한다.(行拂亂其所爲)

이것은 그의 마음을 분발시키고 성정을 참을성 있게 해,(所以動心忍性)

그가 할 수 없었던 일을 해 낼 수 있게 도와주기 위한 것이다.(曾益其所不能)[5]

본디 맹자의 가르침인 이 시는 소름이 돋게 하는 격문입니다. 뜻글자인 한자로 음미하면 그 의미가 사뭇 엄중하여집니다. 사실상 16억 인구 중국을 통치할 웅지를 품은 지도자에게 제격인 시라고 볼 수 있습니다. 그러기에 평범한 삶을 살고 있는 우리들에게는 어쩌면 명분은 좋되 친밀감은 떨어지는 것으로 느껴질 수 있습니다.

하지만 누구에게나 존재 이유와 목적이 있는 것입니다. 거창하지 않아도 누구에게나 하늘이 내려준 사명도 있다고 해야 맞을 것입니다. 그러므로 좌절이나 시련의 무게가 자신의 어깨를 짓누를 때, 한번쯤 스스로에게 물음을 던져보는 것도 하나의 출구가 될 수 있습니다.

"대관절 이 시련은 나에게 어떤 이익을 가져다줄 것인가?"

part 3

심기일전하라

맷집으로

나는
나를
믿는다

맷집? 거 좋네　　　2012년 말 직장인들과 청소년들에게 사랑받고 있는 모 인터넷 방송 대담식 강의 때의 일이다. 생방 형식에다 현장 방청객도 40명쯤 참여하여 열기가 고조되고 있었다. 나는 똑같은 시련이라도 5060세대 이후는 비교적 무덤덤하게 잘 견디지만, 2040세대들에게서는 상대적으로 신음소리가 크게 들려오는 것 같다고 말했다. 대부분 수긍하는 듯 고개를 끄덕여 주었다. 나는 방청객에게 질문을 던졌다.

"왜 이런 차이가 생기는 것일까요?"

"……."

"바로 내공과 면역력의 차이 때문입니다."

그러면서 어려운 시대환경에서 태어나 온갖 역경을 다 겪어본 5060세대는 그 과정에서 고통에 대한 면역력이 생기고, 그것을 견뎌내는 내공이 있는 것이라고 부언했다. 반면에, 2040세대는 성장배경이 훨씬 수월해져 면역력도 내공도 부족한 것이라고 말해주었다. 그랬더니, 한 젊은이가 물었다.

"그러면, 우리는 어떻게 해야 합니까? 실제적인 방법을 말해 주세요."

이에 대해 내가 어떤 말을 어떤 논리로 답해 주었는지는 기억나지 않는다. 하지만 말이 돌고 돌아 내 입에서 얼떨결에 그동안 쓰지 않았던 말이 나왔다.

"맷집을 키우세요. 그러면 됩니다. 직장이나 사회에서 이리 터지고 저리 터지지 않습니까. 안 맞을 방법이 없습니다. 세상 일이 호락호락하지 않으니까요. 근데, 내가 보니까, 요즘 젊은이들에게 필요한 건 바로 맷집인 것 같아요. 한마디로 욕도 잘 먹고 야단도 잘 맞아야 합니다. 여기서 '잘'이라는 말은 상처받지 말라는 말입니다."

그렇지 않은가. 맷집이 있으면 상처도 덜 받고, 충격도 잘 흡수하고, 웬만해선 쓰러지지도 않는다. 맷집은 는다. 자꾸 맞다 보면 늘기 마련이다. 그러니까 맷집은 키울 수 있는 것.

다들 더 큰 스윙으로 고무되는 느낌이었다. 그 끝에 방송 제작자이자 대표 진행자가 던진 마무리 멘트.

"멋집니다. 다음에 쓰실 책 제목이 나왔네요. '맷집을 키워라'! 와, 괜찮은데요."

맷집? 거 좋네. 마음으로라도 고마웠다.

그렇다면, 맷집이 좋은 사람은 평소 어떻게 말할까? 몇 가지 실례만 들어보자.

그는 "나만 실패했다"라고 말하지 않고 "누구나 실패한다"라고 말한다.

그는 "항상 실패했다"라고 말하지 않고 "이번에 실패했다"라고 말한다.

그는 "내 인생은 실패했다"라고 말하지 않고 "기회는 계속 있다!"라고 말한다.

…….

이 사람에게 물어보라　　　　몸싸움에만 맷집이 있는 게 아니다. 절망이라는 녀석 앞에서도 맷집이 좋으면, 웬만한 고충은 가뿐하게 버텨낸다. 외부로부터의 어떤 공격도 거뜬하게 견뎌낸다. 그렇다면 맷집을 어떻게 키울 수 있을까.

한 남자가 극심한 절망의 늪에 빠졌다. 사정은 이러했다. 평생 모은 돈을 사업에 투자했다가 모두 날려버렸고 설상가상으로 부인은 회사로부터 해고통지를 받았던 것!

그는 조언을 청하기 위해 평소 존경하던 유명 작가를 찾아갔다.

작가는 거울 앞으로 데려가 거울에 비친 그를 가리키며 말하였다.

"이 사람만이 이 세상에서 당신을 일으켜줄 수 있는 단 한 사람입니다. 이 사람을 차분히 관찰하고 이해하도록 노력해 보고, 당신이 어떻게 하면 좋을지 이 사람에게 물어보세요."[1]

물론, 그는 다시 일어설 수 있었다. 자신 안에서 재기의 발판을 만날 수 있었기 때문이다.

꼭 실패 때문이 아니라도 유난히 벅찰 때가 있다. 모든 것을 놓고 싶을 때, 의욕도, 꿈도, 희망도 다 접고 싶을 때!

이럴 땐 심기일전이 필요하다. 휴식이든, 치유든, 충전이든 무엇이라도 소용이 된다면 취해 보는 것이다.

그러노라면 슬슬 자신에 대한 신뢰가 회복될 것이다. "이제 다시 시작할 수 있어", "재기의 기지개를 켤 수 있는 힘이 새로 길러졌어", "이 정도면 무엇이든 감당할 수 있겠어" 하면서….

당신 말이 옳다　　모든 것의 열쇠는 자기 자신이 쥐고 있다. 행복과 불행, 성공과 실패도 결국은 스스로가 결정짓는 것이다. 남이 나에게 끼칠 수 있는 영향은 절대적이지 않다. 따지고 보면 그 영향 자체도 스스로가 수용하니까 받게 되는 것이다. 이런 이유로 나는 기회 있을 때마다 사람들에게 이렇게 말하기를 좋아한다.

"할 수 있다고 생각하는가? 당신 말이 옳다.

할 수 없다고 생각하는가? 당신 말이 옳다."

다소 말장난 같은 이 말은 액면 그대로 진실이다. 역경 앞에서도, 승부처에서도, 결국 결정적 변수는 '나'다. '나'에 대한 스스로의 판단이 성패를 가른다. 심리학적으로 이를 '자아 이미지'라 부른다. 자아 이미지에 대한 결정적인 통찰은 성형외과의사 출신으로 데일 카네기 이후 최고의 자기계발 전문가라 일컬어지는 맥스웰 몰츠에 의해 얻어졌다. 결론은 이렇다.

자아 이미지는 성공과 실패에 있어서 결정적 역할을 한다. '나는 실패한 사람이다'라는 자아 이미지를 가진 사람은 아무리 노력해도 또 실패하게 된다. 실패한 사람이라는 자아 이미지가 잠재의식을 움직여 모든 의식적인 시도를 무력화시키기 때문이다.

집을 짓는 것에 비유한다면, 자아 이미지는 설계도라 할 수 있다. 집은 설계도대로 지어지게 되어 있다. 다른 형태의 집을 짓고 싶으면, 반드시 설계도를 바꿔서 그려야 한다. 자아 이미지도 마찬가지다. 실패라는 이름의 설계도를 그린 사람이 성공이라는 이름의 집을 지을 확률은 제로다. 성공의 집을 지으려면 반드시 성공의 설계도 곧 성공자로서 자아 이미지를 그려야 한다.

나는
내가
좋다

개똥철학에 탐닉하다   요즘에도 쓰는 말인지 모르겠다.

개똥철학! 나는 이 말이 좋다. 그 질이야 어떻든 자기 멋, 자기 생각, 자기 중심이 있다는 것을 빗대어 말해 주는 정감 어린 표현인 듯해서.

1970년대 말, 대학생 시절 나는 개똥철학에 탐닉했다. 그 당시 학생들은 소설과 시를 좋아했다. 고민 꽤나 하는 학생들의 가방 속에는 철학적 담론이 진지한 필체로 소곤대는 문고판 책들이 한두 권 들어 있었다.

나는 공대생이었지만 전공에만 몰두하는 친구들이나 시간 나면 주로 당구장에 드나들던(섭섭해 하지 마시길!) 친구들보다 인문 서적을 좋아하는 친구들과 어울리기를 즐겼다. 학과 공부도 중요하나 인생공부 역시 소홀히 여길 수 없다는 직관에서였던 것 같다.

지금에 와서 돌이켜보면, 그때 읽었던 책들이 은연중에 위기국면을 극복하는 내공을 형성해 주었다는 생각이 든다.

그렇다. 삶의 중심이 심하게 흔들릴 때는 '전략'이나 '기법'에 치중한 자기계발 서적보다 인간 존재를 심층적으로 고뇌하면서 독자 스스로의 성찰과 사색에 길잡이가 되어주는 인문 서적이 더 큰 도움이 될 수 있다.

나의 경우, 소설에서는 인간 존재의 다양한 스펙트럼과 풍부한 문제의식을 접했고, 철학 서적에서는 빈틈없이 사유하는 법을 배웠고, 시에서는 인간 본질의 핵심 인자들을 건졌다.

그 시절 나는 영어를 배울 겸해서 에리히 프롬의 저술들을 밑줄쳐가며 원서로 읽었다. 그는 내게 인생의 소중함, 불가침의 인간 존엄성에 대한 깨우침을 주었다. 그는 말한다.

"사람의 한 생애는 그 어느 것과도 바꿀 수 없는 선물이며, 뜻있는 도전이다. 따라서 그것은 다른 무엇으로도 측정될 수 없는 고유한 것이다."[2]

결코 놓쳐서는 안 되는 인생진리를 그는 말하고 있다. 인생은 다른 무엇으로도 측정될 수 없는 고유한 것! 이를 깨닫는다면, 우리는 어떤 어려움도 스스로 극복할 수 있을 것이다.

그리고 보면, 자신의 소중함에 대한 확신도 두둑한 맷집의 기본이라 할 수 있다.

10억 원짜리 개와 노숙자　　우리는 오늘날 능력이나 성과로 사람을 평가한다. 또 건강이나 아름다움으로 사람의 값을 매기기도 한다. 하지만 인간은 존재 자체로 소중하다.

그런데, 간혹 다른 사람이 자신에게 준 모욕적인 언사로 인해 '구겨졌다'는 모멸감에서 벗어나지 못하는 사람들이 있다. 또 다른 사람의 평가로 인해 자신의 가치가 '떨어졌다'는 상실감에 시달리는 사람들도 있다. 하지만 우리의 인격은 다른 사람들의 어떤 파괴행위에도 절대로 훼손되지 않는 소중한 품격을 지니고 있다.

여기 고도의 훈련을 받은 10억 원짜리 개가 있다. 또 거리에 스스로를 방치한 노숙자가 있다. 언뜻 생각하면 우리 사회에 노숙자보다 고가의 개가 더 필요한 존재인지도 모른다. 그런데 만일 누군가가 수억 원이 넘는 이 개를 죽인다면, 이는 동물학대죄로 벌금을 무는 한편 손해배상을 함으로써 해결된다. 하지만 누군가가 스스로 용도 폐기한 노숙자를 죽인다면, 이는 살인죄가 된다. 왜 이러한 결과가 나오는 것일까?

사람에게는 동물과 구별되는 그 무엇이 있기 때문이다. 이를 철학자들은 인격(human person)이라고 불렀다. 인격이란 사람을 세는 단위 '명'과 통한다. 그러니까, 사람의 격은 물건 세듯이 '한 개', '두 개' 하는 식으로도 셀 수 없고, 동물 세듯이 '한 마리', '두 마리' 하면서 셀 수도 없는 특별한 가치를 지녔다는 말이다.

인격은 그 자체로 소중하다. 무엇을 잘하건 못하건, 지위가 높건 낮건, 무조건 인격은 소중하다.

오직 당신뿐!　　바로 앞에서 인문 서적에 탐닉하며 '개똥철학'을 즐겼다는 얘기를 했다. 그 중에 내가 특히 좋아했던 것은 시였다.

삶이 유난히 고달프게 느껴질 때, 또는 허무의 심연에 빠져들 때, 그때는 우연히 만난 시 한 줄에서 희망이 솟구칠 수도 있다. 이렇게 만난 시들은 적어도 나에게는 길 잃은 나그네를 위한 밤하늘의 별들과도 같다. 어떤 때는 이 별이 어떤 때는 저 별이 까닭 없이 크고 밝게 보이면서 길잡이가 되어주는 것이다.

생의 고비에서 심기일전이 절실한 시점! 그 지점에서는 어니 J. 텔린스키의 〈나를 사랑하라〉가 그런 별로서 제격이리라 여겨진다.

> 당신이 불행하다고 해서 남을 원망하느라
> 기운과 시간을 허비하지 말라.
> 어느 누구도 당신 인생의 질에 영향을 끼칠 수 없다.
> 오직 당신뿐이다.
> 모든 것은 타인의 행동에 반응하는
> 자신의 생각과 태도에 달려 있다.

많은 사람들이 실제 자신과 다른,

뭔가 중요한 사람이 되고 싶어 한다.

그런 사람이 되지 말라. 당신은 이미 중요한 사람이다.

당신은 당신이다.

당신 본연의 모습으로 존재할 때

비로소 당신은 행복해질 수 있다.

당신 본연의 모습에 평안을 느끼지 못한다면

절대 진정한 만족을 얻지 못한다.

자부심이란 다른 누구도 아닌

오직 당신만이 당신 자신에게 줄 수 있는 것.

자기 자신을 사랑한다는 것은 중요한 일이다.

다른 사람들이 뭐라고 하든,

어떻게 생각하든 개의치 말고

심지어 어머니가 당신을 사랑하는 것보다도

더 당신 자신을 사랑해야 한다.

삶은 언제나 당신 자신과 연애하듯 살라.[3]

내가 이런 류의 시를 특별히 좋아하는 이유는 유추컨대 내가 답을 만나기까지 치러야 할 심적 고통을, 곧 문젯거리를 궁굴리고 쥐어짜면서 명쾌한 생각의 정수를 추출하는 과정의 괴로움을, 작가가 먼저 치렀다는 공감 때문이다. 그러니까 시를 통해서 우리는 나와 똑같은 아픔을 겪은 한 사람을 만남과 동시에 그가 찾아낸 답을 만나는 셈이다. 일거양득이라 할까.

어쨌든, 다시 우리들의 주제로 돌아와 보자. 도무지 삶의 의욕이 복지부동일 때, 자기 신뢰의 회복 못지않게 중요한 것이 바로 '나의 소중함'을 새삼 깨닫는 것이다. 방금 저 시인은 그것을 명령 아닌 호소로 강조하고 있다.

우리가 매일 "나는 내가 좋다"라고 자신에게 말해 주는 것은 자신의 자존감 내지 자긍심을 높이는 데 크게 도움이 된다.

한번 시도해 보라. 매일 적어도 100번씩 자신에게 이 말을 들려주라. 수많은 사람들이 그 효과를 나에게 알려왔다. 이 말을 곧이곧대로 실행하기만 하면, 더 이상 다른 이들의 말로 인해 주눅 들거나 상처받지 않고, 오히려 당당하고 행복하게 살아갈 수 있음을 확인하게 될 것이다.

내 인생
내가
산다

야단맞는 기술　　　맷집이 좋으려면 욕도 잘 먹고, 야단도 잘 맞
아야 한다. 대체 무슨 소리냐고?

《빛과 그림자》로 1970년 일본의 가장 권위 있는 문학상인 나오
키상을 수상했던 와타나베 준이치는 이 맷집의 비밀에 주목했다.

그는 그의 또 다른 저서 《둔감력》에서 꺼벙이 스타일의 인간을
이상형으로 그려냈다. 줄거리는 이렇다.

대학병원에서 늘 교수에게 야단맞던 의사가 있었다. 그때마다
그는 거의 반사적으로 "예, 예"라는 한마디로 웃어넘겼다. 꺼벙이
스타일인 그 의사는 상사들에게 야단맞기 좋은 타입이었다.

그러나 그는 그 어떤 잔소리도 쇠귀에 경 읽기 식으로 처리했
다. 그러다 동료들과 눈이 마주치면 싱긋 웃기도 했다. "예, 예"라
는 대답은 잔소리와 함께 일정한 리듬을 타고 반복되곤 했다. 이

것이 그 의사 특유의 '야단맞는 기술'이었다. 하지만 그는 수술이 끝나면 교수의 잔소리도 씻은 듯이 잊어버렸다. 언제 야단맞았나 싶을 정도로 잡담이나 조금 전에 끝난 수술 이야기로 동료 후배들과 즐겁게 대화를 나눴다. 이 실존 인물은 후일 최고의 명의가 되었다.

작가 와타나베가 이 책에서 강조하고 있는 것은 '거인은 둔감하다!'는 사실이다. 그는 큰 인물에게 있는 공통적인 지혜를 '둔감력'으로 꼽는다. 그는 조언한다.

"둔감하라, 당신의 재능이 팍팍 살아난다!"[4]

이는 직장에서뿐만 아니라 삶의 전영역에서 통하는 지혜다. 작가는 우리에게 맷집의 효용을 이렇게 역설하고 있는 셈이다.

꺼벙이가 되라. 마음의 평안을 흐트림이 없으리라.

미련곰탱이가 되라. 언제나 당당할 수 있으리라.

내 인생 내가 산다고 말하라. 노상 자유로우리라.

다이애나 효과　　　울고 싶을 땐 맘껏 울어버리는 것도 내공의 한 부분이다. 1997년 교통사고로 다이애나 황태자비가 사망한 후, 갑자기 영국 내 우울증 환자 수가 절반으로 줄어들었다고 한다. 영국시민 대다수가 그녀의 죽음을 애도하며 눈물을 흘렸던 까닭이다. 이 현상을 두고 다이애나 효과(Diana Effect)라 한다.

너무 힘들 땐 울 줄도 알아야 한다. 따라서 울지 않는 것이 '맷집'이 아니라 울 줄 아는 것이 '맷집'이라고 말해도 무방할 것이다.

영국의 정신과의사 헨리 모슬리는 눈물은 "신이 인간에게 선물한 치유의 물"이라고 말하였다. "웃음이 파도라면 눈물은 해일이다"라는 말까지 있다.[5] 눈물을 많이 흘릴수록 정신적으로나 육체적으로 건강해지고 행복감이 충만해진다는 것이다. 눈물은 유해 호르몬을 몸 밖으로 배출하여 건강을 이롭게 하고, 평상심을 회복하게 하며, 긍정적인 마음을 가져다준다고 한다.[6]

그렇다면, 눈물을 흘림으로써 외부로부터의 충격을 완화할 수 있다는 얘기가 된다.

어느 조사에 의하면, 월 5.3회 눈물을 흘린다는 미국 여성은 월 1.4회만 운다는 미국 남성보다 평균 5년을 더 산다고 한다.[7]

그래서일까? 미국 뉴욕에는 남자들만을 위한 아주 재미있는 가게가 있다고 한다. 이 가게는 남자들이 실컷 울 수 있는 공간을 제공하는 곳이다. 울고 싶은 마음이 굴뚝같이 올라와도 사회통념상 울음을 억제하던 남자들이 이 가게로 와서 돈을 지불하고 맘껏 혼자 울다가 돌아간다는 것이다. 우리식으로 이름을 붙여보면 '울음방' 정도 되지 않을까.

이제 "사나이가 눈물을 흘려서는 안 된다"는 말은 용도 폐기되어야 한다. 다이애나 효과라는 말이 시사하듯 잘 우는 사람이 웬

만한 태풍에도 쓰러지지 않고 잘 견뎌낼 수 있는 법이다.

눈치가 둔치!　　　눈치가 없는 것은 때로는 메가톤급 강점을 지닌다. 우리는 주변의 눈치를 보느라고 얼마나 많은 에너지를 소모하고, 얼마나 많은 선한 신념을 접어야 하며, 얼마나 많은 꿈을 포기해야 하는가. 그리고 이 눈치 때문에 우리는 얼마나 큰 스트레스에 시달리며 불안해 해야 하는가.

하지만, 그 무엇에도 흔들림이 없는, '눈치가 둔치'인 사람은 자기 소신을 지키며 진정한 내면의 평화를 유지하기 마련이다.

사람은 저마다 자신의 색깔과 소질을 지녔고, 자신이 가야 할 길이 있다. 하지만 앞에서 언급했듯 한국 사회에 유난히 두드러진 집단주의 문화는 이 개성을 비교적 존중해 주지 않았다. 그 결과 사람들은 자신의 인생을 산 것이 아니라, 사회적 관습과 기대에 부응하는 삶을 살아왔다 해도 과언이 아니다. 그 과정에서 발달된 것이 이른바 '눈치'다. 외국인들 사이에서 금세 드러나는 한국인의 특징 가운데 하나가 눈치가 9단이라는 사실이다. 이는 장점도 되지만, 엄청난 단점이기도 하다. '남의 시선'에 매여 자신의 삶을 살지 못하게 하는 치명적인 인자로 작용할 수도 있기 때문이다.

나는 비엔나 시절 '나는 나다'라는 사실을 새삼 깨달았다. 그곳 친구들과 어울리면서 나는 그녀들이 남들이 자신을 바라보는 시선에 별로 개의치 않는다는 것을 금세 알아챘다. 그들은 자신의 생각을 표현하는 데 주저함이 없었다. 그것이 튀는 생각이건, 버릇없는 발상이건, 전체 여론에 반하는 의견이건, 그런 것은 전혀 중요치 않았다. 이 깨달음은 나에게 엄청난 해방감을 주기 시작했다. 지난날 은근히 억압받았던 '나는 나다'라는 인식이 살금살금 되살아났다.

이렇게 나는 점점 큰 자유를 누리게 되었다. 상대방의 주장과 견해를 존중해 주는 문화 속에서 긍정적인 자신감도 생겼다.

하지만 우리에겐 근거 없는 획일화된 잣대가 너무 많다. 이는 엄연한 폭력이며 횡포다. 이 때문에 얼마나 많은 사람이 억지로 굶고 있으며 쉽사리 얼굴에 칼을 대는가.

이야기가 극단적인 예로 좁혀지고 있는 것이 유감이지만, 계량화된 미의 기준은 우리가 지니고 있는 가치관의 문제를 상징적으로 드러내주고 있는 것은 아닐까.

그러므로 나는 제안한다. 내 멋에 살라. 내 폼에 살라. 나 잘난 맛에 살라. 나에게는 나만의 멋이 있고 나만의 잘난 맛이 있다. 그 무엇에도 주눅들지 않는, 비교불허의 나스러움이 내게는 있다.

괜찮다 괜찮다

'부정적인 생각'이 나를 지배한다. 어떻게 해야 하나?

상처나 실망이 오래도록 누적되면 부정적인 생각이 습관으로 자리 잡을 수 있다. 그래서 우리 주변에는 아무리 긍정적인 자세로 살아보겠다고 새출발을 다짐해도 작심삼일로 끝나는 사람들이 많다. 그들은 의사에게 상담하듯이 묻는다.

"부정적인 생각을 떨칠 수 없어요. 그건 내게 고질병입니다. 어떻게 해야 고칠 수 있을까요?"

"이에는 이, 눈에는 눈"이라는 말이 있듯이 습관에는 습관으로 맞대응하는 것이 상책입니다. 습관은 하루아침에 형성되지 않습니다. 하루하루, 그것도 매번 기회 있을 때마다 긍정의 연습을 해야 합니다.

가장 좋은 방법은 자신이 평소 쓰는 부정적인 언어나 문장을 모조리 목록으로 적어보는 것입니다. 그리고 그것에 반대되는 긍정의 문장들을 만들어보는 것입니다. 이렇게 하여 앞으로 계속 연습할 긍정의 문장들을 딱 10가지만 추려보는 것입니다. 이제 그것들을 '나의 행복 10계명'이라는 제목으로 종이 한 장에 적어서 잘 보이는 곳에 붙여놓습니다. 이것을 매일 시간 있을 때마다 소리 내어 읽고, 가능하다면 몇 번씩 적어봅니다. 이렇게 꾸준히 노력하다 보면 그 효과가 슬슬 나타날 것입니다.

이런 노력 없이 막연하게 긍정적인 생각을 하면서 살겠다고 결심하는 것은 미련스러운 조치입니다. 나쁜 습관이 뿌리 뽑히고 좋은 습관이 자리 잡을 때까지는 의지적으로 노력을 기울여야 합니다.

같은 행동을 반복하면서 다른 결과를 기대할 수는 없습니다. 무엇이 되었든 쉽고 가능한 것부터 변화를 꾀하면 다른 결과가 얻어질 것입니다.

복잡하지 않습니다. 계속해서 긍정적으로 생각하고 말하고 글로 적어보는 것! 이것이 해야 할 전부입니다.

긍정의 효과를 미리 알아두는 것도 긍정적인 생각을 갖는 데 도움이 될 수 있습니다. 그 대표적인 롤모델 중의 하나가 영국의 정치가 존 메이저 전총리입니다. 그는 매우 가난한 가정에서 태어나 16세 때 학교를 중퇴하고 가족을 부양하기 위해 노동현장에 뛰어들었습니다. 두 시간의 새벽노동을 마친 그에게는 간단한 토스트가 아침식사의 전부였습니다.

훗날 그는 은행의 간부를 거쳐 정치가로서 명성을 얻게 되지만, 여전히 서민들이 출입하는 식당을 즐겨 찾았으며 자택 또한 서민층이 밀집된 지역에 있었다고 합니다.

총리가 된 후, 기자들로부터 "어떻게 고난의 세월을 극복할 수 있었느냐"라는 질문을 받았을 때 그는 이렇게 대답했습니다.

"그 어떤 상황에서도 부정적인 생각을 갖지 않았습니다. 항상 긍정적인 생각과 희망을 갖고 일하면 그와 반대되는 것들은 말끔히 사라집니다. 하늘은 밝은 표정을 지니고 긍정적인 마음을 가진 자에게 복을 내려준다는 것을 나는 배웠습니다."[8]

행여나 반대되는 감정이 나를 지배할 수 없도록 항상 모든 일에 긍정적인 생각을 품고 임했다는 존 메이저. 그것이 그가 총리직까지 오른 비결이었습니다.

긍정적인 생각과 정서는 노화에도 크게 영향을 끼친다고 합니다. 일본의 정신과의사인 와다 히데키는 오랫동안 고령의 환자들을 임상 실험한 결과, 인간이 노화되는 원인 가운데 첫 번째 것으로 부정적 생각을 꼽았습니다. 뒤집어 말해서 긍정적 생각이 노화 예방 효과를 가져온다는 얘기입니다.

요즘 우리 사회 실버세대들의 모습을 보면 고개가 절로 끄덕여지는 대목입니다. 80세의 몸짱 할아버지, 뒤늦게 학구열을 불태우며 대학에 입학한 만학도 할머니 등등. 이를 볼 때, 평소 생각과 감정을 긍정적으로 유지하도록 노력하는 것이 얼마나 중요한지를 알 수 있습니다.

돌파력으로

버텨라

기다림이 벅찰 때 꿈을 품어도 이루어지는 것이 호락호락하지 않을 때가 있다. 아무리 기다려도 이루어질 기미가 보이지 않을 때가 있다. 어느 대학생이 버겁고 답답한 마음에 물어왔다.

"꿈을 꿔보지만, 이루어질 때까지 기다리는 것이 너무 힘겨워요. 어떻게 해야 하나요?"

공감이 갔지만 대답하기에는 고약한 질문이었다. 나는 이렇게 답하였다.

"역사의 수많은 사례를 보면 '꿈은 반드시 이루어진다'는 결론에 도달하게 됩니다. 하지만 거기에는 '시간'이라는 변수가 들어가 있습니다. 다른 것은 사람의 손에 달려 있지만, 시간만은 어쩔 수 없습니다. 그러므로, 앞길이 막막해 보일 때, 우리에게 요구되는 것은 이루어질 때까지 버티는 것입니다. 답은 '버티기'입니다."

나는 왜 이런 말을 했을까. 한번 생각해 보자.

꿈은 각각 그 크기에 비례하여 일정한 시간을 필요로 한다. 작은 꿈은 상대적으로 짧은 기간을, 큰 꿈은 비교적 긴 기간을 기다려줘야 한다. 그래야 꿈의 씨앗이 발아하고, 그것이 점점 자라나 꽃을 피우고 열매를 거두는 법.

그러기에 서양에는 이런 격언이 있다.

"하늘은 기다릴 수 있는 자에게 모든 것을 준다."

'모든 것'이라는 말은 과장이 아니다. 우리가 누릴 수 있는 거의 모든 길한 것들은 오로지 기다릴 줄 아는 사람의 몫이라 해도 과언이 아니니 말이다.

의지가 운명을 만든다　　시인 롱펠로는 앞에서 언급한 바와 같이 온갖 고난을 겹치기로 겪은 인물이다. 그럼에도 그는 전혀 기죽지 않고 말한다.

"잠긴 문이 한 번 두드려서 열리지 않는다고 돌아서서는 안 된다. 오랜 시간 큰 소리로 문을 두드려 보아라. 누군가 단잠에서 깨어나 문을 열어줄 것이다."

여기서 누군가가 과연 누구인지를 음미해 볼 필요가 있다. 이 누군가는 애매모호한 '남'이 아니다. 자신 안에 잠자고 있는 거인일 수 있고, 기회일 수도 있고, 사필귀정의 주관자인 신일 수도 있다.

87세의 나이에 노벨상을 받았던 미국의 의학자 프랜시스 라우스. 그는 암이 바이러스에 의해 생긴다는 사실을 처음으로 규명한 인물이다.

1909년 그는 30세의 나이로 록펠러재단 의학연구소에 들어갔다. 그해 그는 병든 닭을 검사하다가 '세포를 마음대로 넘나드는 물질'이 있다는 것을 발견하였고 또한 그 물질이 다른 닭에서도 종양을 만들어내는 것을 알아냈다. 이는 최초로 발견된 발암 바이러스이자 암연구의 역사적 사건이었지만, 당시 커다란 반향을 일으키지는 못했다.

마침내 1966년에 와서야, 55년 전 라우스 연구의 가치가 인정받게 되었다. 그는 반세기가 넘도록 기다려 노벨상을 받은 것이다.

굳이 노벨상 시상을 겨냥한 것은 아니었겠지만, 프랜시스 박사는 자신의 연구 성과가 검증될 때까지 하염없이 기다려야 했다. 말이 그렇지 '반세기'를 기다린다는 것은 보통 인내로는 못할 일이다. 그러므로 일단 꿈을 품었으면, 문이 열릴 때까지 계속 인내로써 시간이라는 짓궂은 변수를 지독스럽게 견뎌낼 줄 알아야 한다. 이는 결국 의지의 싸움이다. 미국의 사상가이자 시인인 에머슨은 단호하게 말한다.

"사람이 사람다울 수 있는 힘은 그의 의지에 있는 것이지, 재능이나 이해력에 있는 것이 아니다. 아무리 재능이 많고, 이해력이 풍부하더라도, 실천력이 없으면 아무 일도 할 수 없기 때문이다. 의지가 운명을 만든다."

사실이다. 한 사람의 운명은 전적으로 그의 의지에 달려있다.

함께 휘날리라　　　버티려고 해 보지만, 시련의 태풍을 맞아 휘청거릴 때가 있다. 그런 모진 시련의 바람은 어떻게 견디며 버티는 것이 옳을까? 우리는 온갖 풍파를 다 견뎌낸 나무들에게서 그 지혜를 배울 수 있다. 나무들은 뿌리를 깊게 박고서 그 유연함으로 바람과 함께 춤을 추며 지탱한다. 정호승 시인의 〈폭풍〉에는 그 예지가 멋스럽게 휘날린다.

폭풍이 지나가기를
기다리는 일은 옳지 않다

폭풍을 두려워하며
폭풍을 바라보는 일은 더욱 옳지 않다

스스로 폭풍이 되어
머리를 풀고 하늘을 뒤흔드는
저 한 그루 나무를 보라

스스로 폭풍이 되어
폭풍 속을 나는
저 한 마리 새를 보라

은사시나뭇잎 사이로
폭풍이 휘몰아치는 밤이 깊어 갈지라도

폭풍이 지나가기를
기다리는 일은 옳지 않다

폭풍이 지나간 들녘에 핀
한 송이 꽃이 되기를
기다리는 일은 더욱 옳지 않다

이제 견뎌내는 비결은 자명해진다. 바람이 지나가기를 마냥 기다리는 것도, 바람이 지나고 나면 재기하기를 꿈꾸는 것도 답이 아니다. 그냥 바람을 타는 것이다. 그 바람결을 따라서 같이 휘날리는 것이다. 아니 그 바람결을 생기로 삼아 함께 춤을 추는 것이다. 부동의 대지 위에 자신의 뿌리를 깊이 내리고서!

의미를
물으라

죽음의 수용소 최후의 생존자　　　　대학 시절 재미있게 읽은 책 가운데 하나가 빅터 프랭클의 《죽음의 수용소에서》다. 나는 이 책을 내 인생에 영향을 끼친 책 가운데 하나로 꼽기를 주저하지 않는다. 얼마 전 모 방송 라디오 프로그램에서 책 한 권을 추천해 달라기에 이 책을 권했다. 입체 내레이션으로 소개하는 코너여서, 직접 출연하여 감동적인 대목을 읽어주는 역할을 맡기도 했다.

　이야기는 그 유명한 아우슈비츠 수용소 유대인 대학살 현장에서 살아남는 과정을 주 내용으로 하고 있다. 일단 수용소에 끌려오면 건강한 사람은 강제노역을 시키고 허약한 사람은 색출하여 가스실로 보내 학살한다. 일종의 서바이벌 게임인 셈!

　그런데 아직도 내 뇌리에 뚜렷이 기억되고 있는 대목은 바로 결론 부분이다. 작가인 빅터 프랭클은 끝까지 살아남았다. 그는 증언한다. "마지막까지 살아남은 생존자들은 체격이 좋은 사람들이 아니었다. 그들은 이내 체력이 바닥나 약골들이 되었다. 최후의 생존자들은 살아남아야 할 이유, 생존의 목적을 뚜렷하게 가지고 있던 사람들이었다."

이 이야기는 놀라운 사실을 전하고 있다. 바로 극한의 상황에서 생존의 열쇠는 체력이 아니라 '살아남아야 할 이유' 곧 '생존의 목적'이라는 사실! 그러니까 고난 자체가 견디기 어려운 것이 아니다. 그 까닭을 모른 채 견뎌야 한다는 사실이 힘겨울 따름이다.

응답을 잉태한 물음　　방금 이야기의 화자 빅터 프랭클은 저 소중한 경험을 통해서 '의미'의 중요성을 실증적으로 깨달았다. 이후 그는 여러 권의 저서를 통해서 인간은 원초적으로 '의미에의 의지'를 지녔다는 통찰을 피력하였다.

이 의미를 발견하도록 도움을 주는 것이 '물음'이다. 물음은 잘 던지기만 해도 여태 놓치고 있었던 의미를 발견하도록 도와준다.

"하필이면 왜 나에게 이런 일이? 왜왜왜?"

"이 길고 긴 무기력의 터널은 언제쯤 끝날 것인가?"

"……."

나는 청년기에 빅터 프랭클의 책을 읽고 '의미'를 화두로 삼고 물음을 던졌다.

"나는 누구인가?"

"나는 왜 사는가?"

"도대체 무엇을 위한 인생인가?"

의미는 바로 존재하는 이유와 잇닿아 있다. 의미는 인류를 포함한 세상과의 관계 안에서 찾아진다. 그 안에서 '내가 과연 어떤 존재인지'가 나의 의미를 규정해 준다는 말이다. 자신이 소중한 생명이라는 것, 이 세상에 필요한 존재라는 것, 자신만의 사명이 있다는 것 등등이 의미를 형성하는 편린들이라 할 수 있다.

삶이 위기나 파경에 몰렸을 때, 삶의 의미를 새삼스럽게 발견하는 것은 예기치 않게도 탈출구가 되어준다. 예를 들어보자. 자식이 많은 사람일수록 이혼율이 낮다는 통계가 있다. 이는 자식 숫자만큼의 '의미 다발'이 이혼하지 말아야 하는 이유가 되어주기 때문이다. 결국 '의미'가 생존의 관건이 된다는 얘기다.

나는 기업으로부터 특강 요청을 많이 받는다. 하지만 사실 나는 기업 경영에 대해서는 전문가가 아니다. 그래 '왜 내 강의를 들으려 하는가?' 하고 생각해 본 적이 있다. 그 답을 어느 젊은 CEO가 대신 해 주었다.

"신부님 강의를 들으면, 저희가 놓치고 살았던 것을 다시 회복하게 됩니다. 신부님은 저희에게 답을 주시는 분이 아니라, 물음을 주시는 분입니다. 우리가 한 번도 던져보지 못한 물음을 주심으로써 우리 사고를 풍요롭게 해 주십니다."

철학적으로 진리를 알레테이아(aletheia)라고 부른다. 알레테이아는 '자기현현' 곧 '자기를 드러냄'이라는 뜻을 지닌다. 이 말은 진리가 숨겨져 있다가 발견되고, 드러나고, 깨달아지기 때문에 생긴 용어다.

의미도 이와 똑같다. 의미 역시 알레테이아의 성격을 지니고 있다. 숨겨져 있다가 발견되는 것이 의미다. 안 보인다고 해서 의미가 없다고 말하는 것은 잘못이다. 의미를 발견하려면 자꾸 물어야 한다. 왜 꿈을 꾸지? 왜 부자가 되기를 원하지? 왜 유명해지기를 원하지? …. 이렇게 말이다.

물음은 그 자체로 응답을 잉태하고 있다. 좋은 물음은 좋은 응답을, 시원찮은 물음은 그렇고 그런 응답을. 그러므로 물어도 잘 물어야 한다. 잘만 물어도 우리는 흥분되는 의미를 만날 수 있는 것이다.

클레멘트 코스　　교육방송채널의 〈지식e〉에서 '살아야 할 이유'를 가르쳐주는 학교, '클레멘트 코스'가 소개된 적이 있다. 미국 작가 얼 쇼리스가 창립한 '클레멘트 코스'는 노숙인들의 지원활동을 돕는다. 그런데 이 코스는 인문학 교육을 통해서 노숙인들에게 삶의 의미를 일깨워줘 '삶에 대한 의지'를 자극한다. 〈빅이슈〉라는 잡지를 팔며 자신들의 자존감을 회복하고 있는 그들의 가슴에는 조합번호와 함께 이런 문구가 적혀 있다고 한다.

"나는 지금 구걸을 하는 것이 아니라 일을 하고 있습니다."[1]

클레멘트 코스는 '먹고 사는 문제'가 해결되어야만 '그다음 무언가'를 추구할 수 있다는 통념을 과감히 뒤집었다. 그랬더니 전혀 희망이 보이지 않던 이들에게 새로운 삶의 활기가 샘솟았다. 이 대범한 역발상이 죽어가던 사람, 아니 이미 죽어 있던 사람을 살린 것이다. 우리 나라에도 이 시스템이 2010년 도입되어 요즘 간간이 〈빅이슈〉를 팔고 있는 노숙인들을 볼 수 있다. 하지만 안타깝게도 아직 대중에게는 이 취지가 정확히 전달되지 못한 느낌이다. '의미 추구'에 용기 있게 뛰어든 그들이 어쩌면 우리 주변의 가장 생생한 스승인 셈인데….

요컨대, 의미야말로 어떤 난관도 뚫는 돌파력이라 할 수 있다.

꼬리를
자르라

고스톱의 선택　　　살다 보면 포기해야 할 경우가 있다. 또 어떤 일이 있어도 포기하지 말아야 할 것이 있다. 우리는 그 틈바구니에서 헷갈리기 십상이다. 그래서 자주 듣는 질문이 이것이다.

"포기해야 할 때와 포기하지 말아야 할 때를 어떻게 알 수 있습니까? 식별 방법이 궁금합니다."

바로 고(go)냐 스톱(stop)이냐의 문제! 의외로 나의 답은 복잡하지 않다.

"만일 그것을 포기했을 때, 평생 후회가 될지 안 될지를 먼저 생각해 보라. 후회하게 될 것이라는 생각이 들면, 포기하지 말아야 한다. 설령 그것이 이루어지지 않더라도 후회가 안 될 것이라는 생각이 들면, 포기해도 좋다."

이는 나 자신이 나를 위해 세운 기준이다.

포기를 했으면, 후회하지 말아야 한다. 포기하지 않았어도, 후회하지 말아야 한다. 그러므로 후회가 되는 일의 반대를 선택하라는 것이다.

도마뱀의 생존법　　도마뱀은 꼬리를 밟히면 꼬리를 끊고 도망친다. 과감하게 자신의 몸체 일부를 버리고서 죽음의 위기를 탈출하는 것이다. 이처럼 포기를 할 때는 미련 없이 과감해야 한다.

마케도니아의 대왕 알렉산더가 이끄는 군대가 페르시아를 쳐부수기 위해 전진하던 때의 일이다. 사기충천해 있어야 할 군인들은 마치 적의 포로가 되기라도 한 듯 힘겨운 행군을 하고 있었다. 왕은 곧 그 이유를 알아차렸다. 군인들이 전투에서 승리하여 얻은 전리품들을 몸에 잔뜩 지니고 걸었던 것이다.

왕은 즉시 행군을 멈추게 하였다. 그리고는 전리품들을 모두 모아 불태울 것을 명령했다. 군인들은 몹시 불평했지만, 그것은 결국 페르시아와의 전투에서 승리할 수 있는 원동력이 되었다.

또 한 번은 헤레스폰트 해협을 건널 때였다. 알렉산더는 자신의 소유를 장병과 그 지역주민들에게 다 나누어주었다. 이를 본 한 신하가 "그렇게 다 나누어주시면 무엇이 남느냐"고 물었다. 그러자 알렉산더는 당당한 목소리로 대답했다.

"짐은 앞에 있는 희망을 갖겠노라."

역시나 알렉산더답게 그는 용기 있는 포기로 위대한 영도력을 보여주었다. 아무리 소중한 것이라도 장애가 된다고 판단되면 버릴 줄 아는 대담함이 우리에게도 필요하다. 그런데 그의 말이 참 멋있다. 짐은 앞에 있는 희망을 갖겠노라!

물론 잘 안 버려질 때도 있다. 머리론 되는데 몸과 마음이 안 따라주는 것이다. 이럴 때 내가 즐겨 쓰는 심리기법이 있다. 나는 의도적으로 묻는다.

"삼백 년 후에 이 일은 과연 어떤 의미를 지닐까?"

너무 먼 얘기처럼 들리는가? 좋다. 그럼 이렇게만 바꿔도 느낌이 확 올 것이다.

"십 년 후에 이 일은 과연 나에게 어떤 의미를 지닐까?"

이렇게 물음을 던져놓고 나면 마음에 평정이 밀려온다. 아무리 태산처럼 보이는 것이라도 흐르는 세월 속에서 멀찍이 떨어져서 돌아보게 되면 아스라이 눈곱만하게 보이기 마련인 것! 포기할 땐 눈 딱 감고 과감하게 체념할 줄 알아야 한다.

몽땅 쏟으라　　포기할 땐 과감하게 내려놓되, 전진해야 할 땐 전력을 쏟을 줄 알아야 한다. 기왕지사, 어영부영은 일을 그르치는 지름길이다. 진인사대천명이라 했듯이, 몽땅 쏟아 최선을 다하는 것이다.

1863년 안톤 루빈시테인이 지도하는 제1기 음악교실에 행색은 초라하나 눈빛만은 살아있는 20대 청년이 들어왔다. 이 청년은 누구보다 열정적으로 음악 공부에 전념, 후에 세계적으로 추앙받는 작곡가로 이름을 올렸다. 그의 이름은 바로 차이코프스키! 그는 무의미한 시간을 가장 아까워했던 인물로 종종 나태해지려는 자신을 채찍질하며 이렇게 말했다고 한다.

"정신을 차리고 서두르자. 시간이 없다. 내 영혼에 있는 이 아름다운 선율을 그대로 놔둔 채 죽을 수는 결코 없다."

이랬기에 차이코프스키는 오늘날에도 '그놈의 인기'가 사그러들지 않는 것 아닐까.

열정이라 불러도 좋고, 신념이라 해도 좋고, 사명감이라 칭해도 좋다. 일단 자신의 눈앞에 수행해야 할 어떤 과제가 주어졌을 땐, 이런 지칠 줄 모르는 에너지를 응집시켜 동력으로 삼을 줄도 알아야 한다. 이들의 힘은 엄청나다. 이들 셋이 뭉치면, 때로는 결단력으로, 때로는 추진력으로, 때로는 돌파력으로 둔갑하면서 그 어떤 장애도 뚫는다.

괜찮다 괜찮다 실패의 악몽이 크다. 벗어날 길은?

자라 보고 놀란 가슴 솥뚜껑 보고 놀란다고, 한번 실패를 맛본 사람은 실패의 경험이 트라우마가 되기 쉽다. 그리하여 탈출의 길을 묻는 이가 제법 있다.

"실패의 충격이 너무 커서 악몽이 되었습니다. 실패만 생각하면 진땀이 나고 겁이 덜컥 생깁니다. 출구는 없나요?"

주의를 환기시키는 이야기부터 먼저 하겠습니다.

미국 미시간주 앤아버에는 로버트 맥머스가 설립한 '뉴 프로덕트 웍스' 박물관이 있습니다. 실패 연구 권위자가 만든 박물관답게 그 콘셉트는 바로 '실패'입니다.

무연담배, 무색콜라, 스프레이식 치약 등 기업들의 다양한 실패작 13만여 점을 전시하고 있는 이곳이 의미하는 바는 뒤집기 발상! 바로 상품의 실패가 회사의 실패는 아니라는 것! 로버트 맥머스는 박물관을 찾는 기업인들에게 자동차왕 헨리 포드의 이 말을 상기시킵니다.

"실패란 보다 현명하게 다시 시작할 수 있는 기회다."[2]

실패를 두려워하는 것이 인지상정입니다. 하지만 실패는 엄청난 자산이 될 수 있습니다. 실패에서 넘어진 사람들이 있는가 하면, 실패를 창조의 기회로 삼는 사람도 있습니다.

기업에서 실패는 역발상 또는 신발상의 계기가 될 수 있습니다. 한술 더 떠서 스포츠 영역에서는 실패가 도약의 필수 코스로 여겨지기도 합니다.

영국의 국가대표 스케이트 선수로 발탁되어 1980년 올림픽 금메달리스트가 되었고, 2010년에는 BBC방송 중계위원으로서 김연아 선수의 금메달획득 경기를 탁월하게 해설하여 명성을 떨쳤던 로빈 커즌스. 스케이트 선수를 막 시작할 무렵의 그는, 국내외 대회에서 주목을 받기 시작하자, 보다 나은 기술을 익히기 위해 미국으로 유학을 갔습니다. 그런데 그의 스케이트 타는 모습을 지켜본 코치가 차갑게 입을 연 첫마디.

"실력이 형편없군. 더군다나 내 눈에는 발전 가능성도 없어 보이네. 그러니 일찌감치 포기하고 돌아가게!"

자존심이 상한 로빈은 발끈해서 그 이유를 물었습니다. 코치가 말했습니다.

"최고의 스케이터가 되겠다는 녀석이 왜 넘어지지 않으려고 하나? 그렇게 몸을 사리면서 어떻게 최고가 될 수 있겠어!"

좀 가혹하단 생각도 들지만, 코치의 이 말은, 삶의 경기장에서 넘어지지 않으려 안간힘을 쓰는 우리들을 향한 쓴소리이기도 합니다. 정말 말이 됩니다.

몸을 사리지 마라!

실패를 두려워하지 마라!

그러지 않으면 최고가 될 수 없다!

《세계적 인물은 어떻게 키워지는가》는 20세기 대표적 저명인사들의 어린 시절에 어떤 공통분모가 존재하는지 추적한 책입니다. 1962년, 빅터와 밀드레드 고어츨 부부는 성공한 세계적 인물 413명을 선정해서 그들의 성장배경, 가정교육, 업적 등을 조사·연구한 결과를 이 책에 실었습니다. 흥미롭게도 연구 대상 중 392명이 역경을 극복한 사람들로 나타났습니다. 이를 통해 이 부부는 "그들에게 고난은 장애물이 아니라 기회였다"라는 결론을 내렸다고 합니다.

이 글을 읽으면서 내 마음속에서는 '실패학교'라는 이름이 떠올랐습니다. 세기적인 인물들을 배출하여 전통과 명예를 자랑하는 최고의 명문학교! 입학도 자유, 자퇴도 자유, 학비 공짜!

아마도 교훈은 극작가 사무엘 베케트의 명언이 아닐까요.

"또 실패했는가? 괜찮다. 다시 도전하라. 그리고 더 나은 실패를 하라."

실패는 자산입니다. 그렇다고 모든 실패가 다 자산이라는 말은 아닙니다. 그것을 소화하여 성공인자로 삼을 줄 아는 사람에게만 유효한 말인 것입니다.

실패를 딛고 이제 막 승리의 계단을 오르려는 누군가에게 유대 경전 디아스포라는 촌철살인 격으로 이정표를 제시합니다.

승자는 언제나 계획을 갖고 있지만
패자는 언제나 변명을 갖고 있다.

승자는 모든 문제에서 답을 찾아내지만
패자는 모든 답에서 문제를 찾아낸다.

승자는 "어렵겠지만 가능하다"고 말하지만
패자는 "가능하지만 너무 어렵다"고 말한다.

승자는 넘어지면 일어나 앞을 보고
패자는 넘어지면 일어나 뒤를 본다.

승자는 패자보다 열심히 일하지만 시간의 여유가 있고
패자는 승자보다 게으르지만 늘 바쁘다고 말한다.

재미있으면서도 역설적인 지혜를 담고 있지 않습니까. 승자와

패자의 판가름은 '실패'가 아니라, 그 '실패'를 어떤 사고방식으로 처리하느냐에 달렸다는 것입니다. 같은 실패를 겪고서, 변명, 원망, 한계타령, 후퇴, 초조 등에 빠지는 것이 패자의 길이라면, 새로운 계획, 대안, 자신감, 전진, 여유 등을 모색하는 것이 승자의 길이라는 것입니다. 명심해야 할 대목입니다.

그러므로 실패를 두려워할 것이 아니라 미리서부터 실패를 이용하는 법을 배울 필요가 있는 것입니다.

심 기 일 전 하 라

뒤집기로

불리함의
효과

지금 우리 앞에 있는 것　　　지난해 어느 도지사 부부와 잠깐 대화를 나눌 기회가 있었다. 지방 강연에서 만난 자리였다. 얘기가 돌고 돌아 젊은이들의 취업문제가 화젯거리로 떠올랐다. 나는 그 실상을 절감코 있는지 물었다. 도지사의 대답은 의외였다.

"구직난만 있는 게 아닙니다. 사실, 구인난도 심각합니다."

"무슨 말인가요?"

"일자리가 모자라는 게 아니라는 거죠. 우리 도만 하더라도 조금 외곽으로 나가면 기업들이 인력 구하느라고 난리들이예요. 우리 젊은이들이 '대기업'에만 쏠리고 있으니까, 중소기업들은 할 수 없이 외국인 근로자를 채용할 수밖에 없고, 그것으로도 안 되면 불법체류자들까지 마구 고용하게 되는 거죠."

"그런 거군요. 헌데 언론을 통해서는 높은 실업률만 강조되고 있으니, 일반인들은 구직자들이 정말 갈 곳이 없어서 그런 줄 아는 것 아니겠습니까?"

"바로 그겁니다. 누구든지 인생을 밑바닥에서 거친 일부터 차근차근 배우면서 출발하고자 하면, 아직도 우리 사회에는 기회가 많습니다."

"……."

보이지 않는 허상을 단박에 꿈꾸기보다 내 눈앞의 현실을 온몸으로 부딪쳐갈 때, 기회라는 녀석은 잡힐 수밖에 없다는 결론이다. 그나마 위안이 되었지만 여전히 정체불명의 체증은 가시질 않았다. 인터넷 포털사이트나 요즘 나온 정보 서적들을 일별하다 보면, 금세 다시 증세가 도지곤 한다. 그놈의 대세라는 것이 떡하니 버티고 있기 때문이다.

문제를 뜻하는 영어 프로블럼(problem)이라는 단어가 '앞에(pro) 있는 것(blem)'을 가리킨다더니, 요즘 세상 돌아가는 형국이 꼭 그 모양새다. 지금 내 앞에 나만의 문제(problem)가 있는 것이 아니라, 시방 내 앞에(pro) 있는 그것(blem)들이 나에게 골칫거리가 된다는 얘기다.

빵빵한 스펙, 대기업, 고속 승진, 1인자 등등!
우리들의 선망인 동시에 증오인 것들을 찾아내기란 어려운 일이 아니다. 어쨌든 이런 애증의 동경을 품고 있으면서도, 우리는 현실의 초라함에 절로 어깨가 움츠러들기 십상이다.

언더독 이야기   나 역시 저런 현상을 안타까워하던 판이었는데, 통쾌한 뒤집기 논리가 내 고정관념에 한 방 강타로 날라 왔다.

"세상을 바꾸는 것은 이미 정점에 도달한 사람들이 아니다. 〔…〕 오히려 세상에서 왕따를 당하는 인물들이 자신의 한계를 극복하기 위해 창의적 활동을 한다."

언더독(underdog) 연구로 유명한 말콤 글래드웰이 국내 모 신문사와의 인터뷰에서 밝힌 논리다.[1]

그의 주장은 파격적이다.

"그동안 조사해 봤더니 놀랍게도 10번 중 3, 4번은 언더독들이 이기는 것으로 관찰됐다."

이 정도면 엄청난 승률 아닌가! 언더독의 사전적 의미는 '패배가 예상되는 존재'! 투기견 경기에서 '밑에 깔린' 개를 언더독이라 하며 깔고 있는 개를 탑독(topdog)이라 하는 데에서 기인한다. 여기서 발전하여 시합이나 게임 등에서 객관적 전력이 떨어지는 사람이나 팀을 언더독이라 부르게 된 것이다.

그런데 어떻게 약자가 강자를 이길 수 있을까? 글래드웰은 이를 불리함의 효과(Consequences of Disadvantage)라고 설명한다.

"다윗이 골리앗을 이긴 것은 골리앗의 싸움법칙을 거부했기 때문이다. 〔…〕 완전히 다른 창조적 전략(=돌팔매질)이 나올 수 있었던 이유는 다윗이 절대적 약자였던 까닭이다."

혁신의 원천이 바로 다윗의 '작은 키'라는 주장이다. 그러면서 그는 베트남과 이라크를 비교했다.

"두 나라 모두 미국이라는 골리앗과 맞붙었지만 한 나라는 이겼고 한 나라는 졌다. 이라크는 당시 미국이 사용하던 전쟁의 법칙을 따라서 싸웠지만 베트남은 달랐다. 자신들의 한계를 알고 게릴라전을 펼쳤던 것이다."

이처럼 현실 세상에서 벌어지는 '계란으로 바위치기' 또는 '다윗과 골리앗' 사례들을 4년여에 걸쳐 조사한 말콤 글래드웰의 결론은 비상하다.

"사회는 상처받은 사람들에 의해 발전하고 있음을 명심해야 한다. 그들은 세상을 우리와 다른 관점에서 보기 때문이다."

돌이켜 보니, 나 역시 약점이나 상처가 오히려 큰 득이 된 경우가 많았다.

예컨대, 나는 책을 읽으면 핵심을 금방 파악하는 재주가 있다. 이는 비엔나에서 유학할 때 터득한 장점이다. 수업이나 시험 때 아무래도 원어민보다 독일어가 달리니까 그것을 만회하기 위해서 내가 찾아낸 방법이 핵심파악이었다. 이는 이해에도, 정리에도 큰 도움이 되었다. 내용이 부실한 장황한 설명보다 간결하면서 정곡을 담고 있는 내 발언을 교수들이 흡족해 했던 것이 기억난다.

또 나는 건강이 안 좋은 편이다. 1997년부터 B형 간염을 앓다가 간경화가 심해져 1년 6개월간 요양을 한 적도 있다. 지금도 간신히 회복하여 겨우 기능을 하고 있는 간을 달래가며 살고 있는 형편이다. 하지만 나는 이를 약점이 아니라 강점으로 인식한다. 겪어본 사람만이 안다고, 내가 약한 체질이니 병을 앓고 있는 사람들, 또 어려운 환경에서 힘겹게 살아가는 사회적 약자들에 대한 연민을 떨칠 수 없는 것이다. 이는 내 본분상 정말 큰 축복이 아닐 수 없다. 그리고 피로에 취약한 몸뚱아리를 건사해야 하니 자연스레 시간과 기운을 허투루 쓸 수 없었던 것! 이것이 비교적 많은 강연활동 중에도 책을 집필할 수 있었던 까닭이 되어주었다.

그뿐이 아니다. 어릴 적 가난 덕에 매사 노력하는 근면의 사람이 되었다. 지금도 내 마음속에 인간의 제반현상에 대한 부산한 고뇌와 문제의식이 있기에 이렇듯 집요하게 진리를 희구하고 지혜를 좇고 있는 것이다.

너만의 게임　　단점과 열악한 조건이 오히려 예기치 못한 기회의 장이라는 이 역전적 깨달음!

다행스럽게도 우리 사회 일각에서 저 신나는 발견의 탄성이 들려온다. 모 카드 회사에서는 이를 여지없이 포착하여 광고 슬로건

으로 만들었다. 바로 '너만의 규칙을 만들라!'(Make your Rule)[2]

링 위에서 얻어터지는 복서. 쓰러짐. 끝내 다시 일어나 그의 결정적 한 방이 상대를 향해 뻗는 순간, 내레이션은 흐른다.

"단 한 번이라도 니 생각, 니 방식대로, 너만의 게임을 뛰어 본 적 있는가. 니가 뛰고 있는 이 게임의 이름은 인생. 이기고 싶다면, 너만의 주먹을 뻗어라!"

시리즈의 다른 편 역시 예사롭지 않다. 전달하고자 하는 요지는 이것이다.

"우리가 멘토라 부르는 그들에게도 멘토는 있었다. 그들의 멘토는 바로 그들 자신. 누구의 인생도 카피하지 마라. 스스로 멘토가 돼라."

한 대학신문이 전하는 이에 대한 젊은이들의 반응은 참으로 듣던 중 반가운 소식이었다.[3]

"감동적이다."

"힘내라는 위로의 말보다 행동하게 만드는 진취적인 멘트가 좋다."

"누구보다 나 자신을 믿어야겠단 생각이 들었다."

아무렴, 그래야 한다. 비단 청춘뿐이랴. 중년, 장년, 노년 가릴 것 없이 이 시간 잠시 의기소침에 잠긴 이가 있다면, 심기일전하여 호기라도 부려봐야 한다. 무엇이 두려운가. 이제부턴 차라리

잃을 것이 없는 인생인데. "에라 모르겠다, 나도 한번 해 보자!" 하고 주먹을 불끈 쥐어 볼 일이다. 저 태평양 건너 미국에서 어느 씩씩한 대한민국 여성이 외쳤다는 구호 한번 목청껏 지르면서!

"He can do it, she can do it. Why not me."[4]

"쟤도 할 수 있고, 얘도 할 수 있는데, 왜 나라고 못할쏘냐."

고통의
생얼

누구나 자신의 분량만큼 아프다　　　1982년 진해에서 해군 소위로 복무하고 있을 때, 큰 고뇌가 밀려왔다. 아무래도 진로를 확실히 결정해야 할 때가 찼다는 강박으로 며칠 밤잠을 못 이뤘다. 당시는 전두환 독재정권이 서슬 퍼렇던 시기였는데, 민주화 운동의 성지 명동성당을 중심으로 한 김수환 추기경 및 가톨릭 사제들의 활약상이 나를 유혹하며 그 대열에 합류할 것을 내적으로 종용하고 있던 터였다.

　다 좋은데 평생 '독신'으로 살아야 할 것이 마음에 걸렸다. 자신감이 생기질 않아 고민을 궁굴리던 끝에 엉뚱한 생각을 짜냈다.

　'근처 밀양의 표충사엘 가보자. 독신으로 살기는 마찬가지인 스님들이 마냥 행복해 보이면, 나 역시 무조건 고(Go)! 하지만 만일 그들의 얼굴에 수심이 가득 차 있으면, 고민 끝!'

그래 어느 일요일 큰마음 먹고 출발했는데, 좀 헤매느라 당도하고 보니 저녁 어둠이 깔릴 즈음이었다. 스님들은 시간기도하러 들어갔는지 보이지 않아, 멀찍이 느릿느릿 움직이는 실루엣만 어렴풋이 보고 내려왔다.

'오늘 행(行)은 일단 만족. 고즈넉한 적막을 확인했으니, 이 정도면 고민 계속!!!'

결국 몇 개월 더 번민하다가 평생 번복하지 못할 결단을 내렸다.

그러면 지금 나는 고뇌에서 해방되었을까? 아니다. 메뉴만 바뀌었을 뿐, 내 안의 갈등은 여전히 기승을 부리고 있다. 상처, 미움, 고독, 피로, 낙심… 등등, 왜 나에게라고 문제가 없겠는가. 그렇다면, 내가 엉터리여서일까? 그것도 아니다. 내가 이 나이 되도록 갈등과 씨름해야 하는 것은 내가 살아있다는 표시 아니랴.

누구나 괴로워한다. 오죽하면 독일 시인 에리히 캐스트너는 다음과 같은 촌철살인의 명시를 남겼을까.

요람과 무덤
사이에는
고통이 있었다.

이는 생로병사가 다 고통이라는 동양사상과 뜻이 통한다. 누가 이 고통을 부인할 수 있겠는가.

더욱이 인간은 동물과는 달리 육체적 고통뿐만 아니라 정신적인 고통 때문에도 괴로워한다. 경제적 어려움, 이별, 상실, 질병, 사고, 좌절, 외로움… 누군가로부터의 배척이나 소외 등등으로 잠을 뒤척이고, 괴로워하고, 신음한다.

누구나 자신의 분량만큼 아파하는 것이다. 자신의 몸이 감당할 만큼. 딱 그만큼.

누군가의 아픔 덕분에   삼성의 창업주 고 이병철 전회장 역시 인생의 제반사에 대하여 문제의식을 가지고 있었다. 2011년 끝자락에 나는 그가 말년에 던졌던 물음 24가지에 대하여 《잊혀진 질문》이라는 제목으로 답변을 꾀했다. 그 책이 지성인들과 경제인들 사이에서 호응을 얻자, 여러 언론매체에서 인터뷰를 따갔다. 그중 내 심정이 잘 드러난 대목은 이렇게 적고 있다.

> 기자: 이 회장은 어떤 질문을 던졌을까. 사실〔…〕 누구나 던질 수 있는 물음이다. 이 중 차 신부가 가장 답하기 어려웠던 질문은 바로 '고통'에 관한 것이었다.
>
> 차 신부: "답을 몰라서가 아니라 답이 있어도 설득이 안 되는 경우가 있는데 '고통'의 문제가 바로 그렇다. 처절한 고통의 중심

에 있는 사람을 위로해 주기란 사실 불가능하다. 모자라는 정보는 지식으로 채울 수 있으나 우리의 고통은 바로 실존을 건드리는 문제다. 위로와 용기를 준다 해도 고통의 당사자에겐 미화에 그칠 수 있다. 엊그제도 인터넷에서 연극인 손숙씨 얘기를 듣고 마음이 아팠다. 갚기엔 역부족인 남편의 빚더미에 떠밀려 딸 셋을 두고도 매일 자살을 생각했다는데, 누가 무슨 말로 위로해 줄 수 있었겠는가. '빚 안 갚아도 돼요, 어떻게든 살아서 최선을 다해 행복해져야 해요'라는 경제 개념을 허물어뜨리는 위로 [⋯]."[5]

사실, 고통은 내 인생의 핵심주제였다. 극도로 어려운 환경에서 성장한 나는 보장되지 않은 미래를 개척하느라고 남다른 땀과 눈물을 흘리며 살아올 수밖에 없었다. 고통의 의미도 어지간히는 깨달아 알고 있다.

허나 이것이 지금 현재 고통을 겪고 있는 사람들에게 훌륭한 답변을 줄 수 있는 조건이 되지는 않는다. 왜? 고통의 의미 그리고 고통당하는 이를 위한 위로, 이들 사이는 설명으로 전달되는 것이 아니기 때문이다.

그러기에 사람들이 나에게 고통의 의미를 물어올 때, 나는 심한 무력감에 휘둘리곤 한다. 할 말이 없어서가 아니라 아픔이 느껴져와서!

맞다. 누군가가 고통의 문제에 답을 청해 올 때, 정답을 말해 준다고 고통이 없어지진 않는다. 희한하게도 고통은 멋지게 설명될 때 해소되는 것이 아니라, 함께 아파할 때 절감되는 것이다. 사랑이 고통을 분담해 주기 때문이리라.

그래서인가, 우리시대의 삶의 주제를 폭넓게 사유했던 작가 최인호는 이렇게 말한다.

"지금 내가 행복을 느끼고 있다면, 그것은 어디서 누군가가 겪고 있는 고통 덕이다. 현재 내가 누리고 있는 안락 역시 지구 저편 누군가의 통절한 아픔에 빚지고 있는 것이다."

옳은 말이다. 우리는 이 말을 경제관계에서 이해할 수도 있고, 연대감의 측면에서 알아들을 수도 있다. 여하튼, 나의 고뇌, 나의 땀과 수고 덕에 누군가가 살고, 또 누군가 이름 모를 이의 처절한 번뇌 덕에 내가 사는 것이다.

예를 들어보자. 한번 이런 상상을 해 보라. 창가에 앉아서 그윽한 커피향을 즐긴다. 나의 이 순간적인 행복감을 주는 커피에는 누군가의 땀과 수고가 배어 있다. 바로 에티오피아 어느 커피농장 일꾼의 노동 그리고 그에 비해 턱없이 낮은 임금, 그 덕에 나는 지금 여유롭게 향긋함에 빠져들고 있는 것 아니겠는가!

이런 연관성은 가까이 가족이나 친구 또는 직장에도 적용된다. 그러므로 우리가 겪는 괴로움이 어떤 형태로든 '누군가'와 연관되어 있다는 사실을 깨닫는 것만으로도, 그리하여 그것의 긍정적인 의미를 발견하는 것만으로도, 이미 위로가 된다 할 것이다.

그렇다면, 고통을 겪고 있는 당사자가 바로 희망의 서광인 셈이다.

그렇다. 내가 겪고 있는 고통은 내가 동의하건 말건 이미 지구상 어느 누군가에게 선익을 끼치고 있는 것이다. 너의 고통이 우리의 희망이다.

아파도 가슴이 뛴다　　　프롤로그에서 언급한 레오나르도 다빈치의 우화 가운데 이런 짧은 얘기가 있다.[6]

> 어느 날 부싯돌 하나가 쉬고 있었는데 갑자기 어떤 물건이 자기를 때리는 것이었다. 화가 난 부싯돌이 몸을 돌려 보니 불을 쪼일 때 쓰이는 쇳조각이었다.
> "왜 나를 때려? 너랑 나는 아는 사이도 아니고 나는 누구한테 잘못한 적도 없단 말이야."
> 부싯돌이 화를 내자 쇳조각은 웃으며 말했다.
> "진정하고 잠시만 있어 봐. 내가 너를 때리면 신기한 일이 생기니까."
> "정말이야?"
> 부싯돌은 호기심이 생겨 고통을 참고 기다려보았다.

딱. 딱. 딱.

쇳조각이 계속해서 때리자 부싯돌의 몸에서 아름다운 불꽃이 피어나 찬란하게 빛났다.

군말 없이 고통의 진실을 전하는 우화다. 마지막 문장에서 다빈치의 상상력이 폭발하고 있다.

"부싯돌의 몸에서 아름다운 불꽃이 피어나 찬란하게 빛났다!"

아픔을 통해 이런 아름다운 기적이 일어난다는 사실을 확신한다면, 아픔을 견디는 것이 훨씬 수월해진다.

하지만, 문제는 아픔이 일정한 정도를 넘으면 제정신이 아니라는 데 있다. 다 알면서도, 생각은 정지되고, 충동만 기승을 부린다. 육체적인 것이든 정신적인 것이든 극도의 고통으로 우리는 패닉 상태에 빠지기도 한다. 도망치고 싶은 충동, 무기력, 좌절감….

이때 우리를 도와주는 것은 '의도적인 긍정'이다. "이 아픔은 성장통일 뿐이다", "나는 이겨낼 수 있다", "시간이 해결해 줄 것이고, 나의 몫은 버티는 것이다" 등등.

물론, 도무지 의미가 찾아지지 않는 고통도 있다. 하지만 그것이 불가해 하다고 해서 그것에 걸려 넘어질 필요는 없다. 우리는 아랑곳하지 말고 전진해야 한다.

어느 철학자의 말은 그대로 진실이다.

"인생의 목적은 끊임없는 전진이다. 앞에는 언덕이 있고, 냇물이 있고, 진흙도 있다. 걷기 좋은 평탄한 길만이 아니다.

먼 곳으로 항해하는 배가 풍파를 만나지 않고 순탄하게만 갈 수는 없다.

풍파는 언제나 전진하는 자의 벗이다. 차라리 고난 속에 인생의 기쁨이 있다.

풍파 없는 항해, 얼마나 단조로운가! 고난이 심할수록 내 가슴은 뛴다."[7]

공감을 넘어 속이 후련해지는 격려다. 그의 말은 옳다. 우리 역시 시절이 번거로울수록 가슴이 뛰어야 한다. 내가 그 의미를 깨우치건 말건, 그것으로 인하여 내 자아의 키가 어느새 성장해 있을 테니까!

99%의
지대

1%의 영역　　"사람이 '누리고' 있는 세계는 실제로 존재하는 세계의 1%에 지나지 않는다"고 카발리스트(유대인 신비주의자)들은 말한다. 그들은 동양철학의 주역 연구가들처럼 우주운행과 인생의 비밀을 풀어내려 시도하는 엘리트 탐구가들이다.

　그들의 통찰에 의하면 사람의 오관과 이성이 인식할 수 있는 진리는 전체 진리의 1%에 지나지 않는다. 그러기에 나머지 99%의 진리는 우리에게 미지의 영역으로 남아있을 수밖에 없다는 것이다. 하지만 99의 세계는 엄연히 비현실세계가 아니고 현실세계다. 우리 주변에서 '갑자기', '이유 없이', '우연히' 발생하는 사건들이 사실은 이 99%에 해당하는 현상들이다. 물론, 여기서 1%나 99%라는 숫자는 상징적인 의미를 지닌다. 그만큼 적고 또 그만큼 많다는 것이다.

이를 과학적으로 설명해 보자. 오감 중에서 촉각, 후각, 미각을 통해서 약 10%의 정보가 수용되고, 청각을 통하여 20%가 수용되는데 가청영역은 16~20,000헤르츠(Hz)로 제한된다고 한다. 나머지 70%는 시각을 통해 파악된다. 그런데, 우주물리학자들은 우리가 살고 있는 이 우주에 존재하는 모든 것을 100%로 본다면 우리 오감에 와 닿는 물질은 4%에 지나지 않는다고 한다. 오감의 인지 범위를 벗어나지만 물질로 존재하는, 소위 말하는 암흑물질은 22%에 이르고, 나머지 74%는 존재하기는 하는데 인류가 아직 제대로 알지 못하는 상태인 암흑 에너지로 있다는 것.[8] 이것만 보더라도 인간이 인식하고 있는 정보의 분량이 실제로 얼마나 미미한가를 알 수 있다. 이를 종합하여 카발리스트들은 인간이 인식할 수 있는 가능성을 전체 인식 대상의 '1%'라고 뭉뚱그려 표현했던 것이다.

그렇다면, 우리들은 여태까지 오관과 이성의 틀에 갇혀 고작 1%를 놓고 각축하면서 살아온 셈이다. 99%의 블루오션은 그대로 방치한 채, 1%의 레드오션에서 아등바등하면서 살아온 것이 우리들 인생이라니! 꼭 우물 안 개구리의 꼴이다.

여기 같은 우물 속에 두 부류의 개구리들이 있다. 우물 안에서 올챙이 시절을 보낸 개구리들과 우물 밖에서 자라나 잘못 뛰어들었다가 갇힌 신세가 된 개구리들. 각각 바라보는 하늘의 크기가 다를 것임은 말할 것도 없다. 적어도 우물 밖을 체험해 봤던 개구리들은 손바닥 하늘이 아닌 끝없는 하늘을 꿈이라도 꾸지 않을까.

99%의 블루오션　우리 앞에 엄연히 존재하는 미지의 99% 세계, 이 세계로 들어가는 관문이 바로 꿈과 희망이다.

그동안 우리가 실패와 단절과 부진의 늪에서 헤어 나오지 못했던 것은 어쩌면 1%의 세계에서만 허우적거렸기 때문일지도 모른다. 과감히 99%의 세계에 마음을 열면 길이 트일 수 있다는 사실에 눈감았기 때문인지도 모른다. 공연히 고집부리지 말 일이다. 1%의 세계에 집착하는 어리석음을 피해야 한다.

무한가능성의 영역 99%는 드넓디 드넓은 블루오션이다. 거기로 드는 길은 꿈과 희망이다. 세계에서 가장 큰 미래문제 연구단체인 코펜하겐의 미래학연구소 소장을 역임했던 롤프 옌센은 꿈의 진가를 이렇게 밝힌다.

"미래는 확실성이 아닌 꿈으로 만들어져 있다. 미래는 물리적인 세계가 아니라 우리의 사고와 꿈속에 존재한다. 〔…〕 미래는 꿈이라는 재료로 만들어진다. 이런 상황에서 모든 사업가는 훌륭한 소설가가 이야기를 상상하듯이 사업의 미래를 상상해야 한다."[9]

롤프 옌센은 우리의 담론보다 한 걸음 더 나아간 얘기를 하고 있다. 그는 우리의 꿈속에 미래가 존재한다고 말한다. 미지의 99% 지대가 우리 꿈속에 있다고 말하고 있는 셈이다. 멋지다.

판단과 느낌에 매여 살면 1%의 지대를 벗어날 수 없다. 하지만 상상력을 발휘하여 희망과 꿈을 품으면 우리는 어느덧 99%의 지대를 향유하게 마련!

보라, 들으라, 직관하라　　천재적인 음악가 모차르트가 우리에게 99% 세계를 누리는 법을 깨우쳐준다.

모차르트가 여행 중에 피아노를 잘 치기로 소문난 한 소년의 집에 초대를 받았다. 듣던 대로 솜씨가 보통이 아니었다. 소년의 피아노 연주가 끝나자 그의 부모가 모차르트에게 조심스레 물었다.

"우리 아이도 선생님처럼 작곡을 하고 싶어 한답니다. 좋은 가르침을 주세요."

소년이 눈을 반짝반짝 빛내며 모차르트에게 물었다.

"어떻게 하면 선생님처럼 훌륭한 음악을 작곡할 수 있을까요?"

"글쎄다, 그렇게 물으면 나도 답변을 하기가 곤란하단다. 아직 네가 작곡을 하기에는 이른 나이같구나."

소년은 의아스런 눈빛으로 모차르트에게 되물었다.

"선생님도 지금 내 나이 때 작곡을 했다고 들었는데요?"

"그래, 그랬지. 그치만 나는 그때나 지금이나 다른 사람에게 작곡은 어떻게 하느냐고 묻지 않는단다. 그냥 떠오르는 것을 음표로 그리지 않으면 미칠 것 같았지. 나는 네가 그러한 때가 오기를 기다려야 한다는 말을 하고 있는 거란다."

잔뜩 기대했던 소년은 적잖이 실망한 투로 이렇게 대꾸했다.

"나는 다만 작곡을 잘하는 법이 쓰여 있는 책을 추천받고 싶었을 따름이에요."

그러자 모차르트는 온화한 얼굴로 소년의 손을 잡고서 창가로 데리고 가 이렇게 말했다.

"그런 책이 있기는 하지. 하지만 그런 것들은 아무 쓸데가 없는 것이란다. 저기를 보렴. 하늘이 있고, 들판이 보이지? 나무숲을 흔드는 바람소리도 들리지 않니? 음악은 바로 자기 마음속에 저장된 자연의 소리를 그대로 음표로 옮겨 적어 놓은 거야. 그러니 가장 훌륭한 음악은 저 자연이라는 책에 들어 있지. 그리고 가장 훌륭한 작곡 비법은 바로 너의 눈과 귀와 가슴속에 들어 있단다."

모차르트는 손가락으로 소년의 가슴을 가리키며 여러 번 강조하여 말했다.[10]

모차르트는 우리에게 친절히 일러준다.

열린 눈으로 보라, 허투루 놓쳤던 꿈의 세계를!
열린 귀로 들으라, 허공을 날아다니는 온갖 소리들의 향연을!
열린 가슴으로 직관하라, 99% 미체험의 영역을!

괜찮다 괜찮다

"세상이 내 희망을 빼앗았다"는 생각 때문에 화가 난다. 분노를 어째야 하나?

요즘 이렇게 물어오는 사람들이 부쩍 많아졌다.

"세상이 나를 화나게 합니다. 어떻게 해야 하죠? 별별 방법을 다 써 봐도 잘 안 되거든요?"

화를 내야 할 이유는 많다. 자신을 받아주지 않는 대기업, 꼴 보기 싫은 직장상사, 자신의 희망을 깔아뭉갠 세상… 나아가 자녀, 남편(아내), 시어머니, 시누이 등등. 이들로 인해 부글대는 억하심정은 분명 각각 그럴싸한 명분이 있다.

싱겁게 느껴지겠지만 나의 답변은 단순합니다.

"화낼 일을 만들지 마세요!"

아무리 항의가 빗발쳐도 한고집 하는 나는 또 말합니다.

"화가 나시겠죠. 그래도 상책은 그런 화나는 일들을 화낼 '꺼리'로 받아들이지 않는 것입니다."

"???"

사실입니다. 화나는 일도, 상처 받는 것도, 불행해지는 것도, 세상에 '내 허락 없이' 이루어질 수 있는 것은 없습니다. 만일 어느 누군가가, 또는 어떤 일이 나로 하여금 화나게 했다면, 이는 그것이 직접 내 화를 불러일으켜서가 아니라 내가 먼저 그것을 '화나게 하는 일'로 판단하였기 때문에 그렇게 된 것입니다. 즉, 내가 '화'를 허락했기 때문에, '화'가 치밀었던 것입니다.

자 봅시다. 지금 내 눈앞에서 내 비위를 건드릴 만한 일이 일어났다고 칩시다. 욕설, 폭행, 사기, 모독, 멍청한 행동 등등. 하지만 다행스럽게도 그런 행동은 일단 '판단'이라는 첫 번째 관문을 통과한 후 '선택'이라는 두 번째 관문을 통과해야 내 안에서 '화'를 일으킬 수 있습니다. 우리는 이 점을 놓쳐서는 안 됩니다. 그렇기 때문에, 이런 경우, 나는 순간적으로 자신에게 말해 줍니다.

"나는 저 사람의 저 행동이 나로 하여금 화나게 하도록 '허락'하지 않노라. 내가 왜 그 행동 때문에 '화'를 내서 나의 소중한 하루(어쩌면 이틀, 어쩌면 평생)를 망쳐야 한단 말인가. 화내는 것은 나의 의무가 아니다."

지금 이것은 말장난이 아닙니다. 의학적으로도 화를 내게 되면 해로운 호르몬이 분비되어 심장병, 고혈압, 동맥경화, 소화장애를 유발한다고 합니다. 다시 말해 화를 자주 내면 일찍 죽는다는 얘기입니다. 뇌세포도 손상돼 뇌가 위축된다고 합니다. 그러기에 미국 속담에 "위험(danger)에서 한 치 모자라는 것이 화(anger)"라고 하는 것입니다.

화가 날 때, 소리를 버럭 지르는 것은 일단 생겨난 '화'의 기운을 흩트려 소멸하려는 방어기제일 수도 있습니다. 그러기에 용량을 초과하면 '파르르 떠는' 현상이 생기는 것입니다. 소통의 달인, 영국의 전총리 처칠은 이 이치를 잘 알고 있었습니다. 그가 언젠가 국회에서 토론할 때, 그의 말에 웨지우드 벤 하원의원이 몹시 격앙된 어조로 비난했습니다. 벤은 키가 아주 작았습니다. 이에 처칠은 편안한 웃음을 던지며 이렇게 말했습니다. "가장 존경하는 친구 웨지우드 벤 의원님, 말씀 잘 들었습니다. 그런데 너무 화를 내시는 거 같아요. 의원님 체구에 감당할 수 있는 분량만큼만 화를 내시죠!" 순간 벤 의원의 마음이 풀어졌고, 장내 분위기도 부드러워졌다고 합니다.[11]

화가 생기려할 때 생각을 조절하여 그것이 에너지를 만들지 못하도록 미리 막는 것이 최상의 지혜입니다. 나는 조그만 분노에 집착하여 일생을 망치는 경우를 수없이 보아왔습니다. 참으로 미련스런 일입니다.

그러므로 할 수 있다면 애초부터 '분노' 또는 '화'라는 감정이 생기지 않도록 생각을 조절할 줄 알아야 합니다.

"아무리 그래 봐라. 그것보다 내 행복과 평화가 더 소중하다. 나는 이 두 가지를 천하의 무엇 하고도 안 바꿀란다."

정말입니다. 거짓말같이 통합니다. 나에게 이런 마음 다스리기를 가르쳐준 분은 소크라테스입니다. 그가 억울한 누명을 쓰고 감옥에 갇혔을 때의 일입니다. 놀란 제자들이 찾아와 통곡하며 말했습니다.

"스승님, 이게 웬 일입니까? 아무런 죄도 짓지 않으셨는데 이렇게 감옥에 갇히시다니요. 이런 원통한 일이 또 어디 있겠습니까!"

소크라테스는 대수롭지 않다는 듯 제자들을 이렇게 달랬습니다.

"그러면 너희는 내가 꼭 죄를 짓고 감옥에 들어와야 속이 시원하겠느냐?"

애시당초 분노를 막으려는 의도에서 나온 기발한 지혜입니다. 만일 분노 에너지가 생기지 않도록 미연에 막는 데 실패했다면, 그때는 그 에너지를 소멸시키는 방법을 써야 합니다. 나는 졸저 《무지개 원리》에서 그 구체적인 방법을 예시했습니다. 요약 정리해 보면 이렇습니다.

첫째, 손이나 발로 타격하여 분노 에너지를 이동시키는 방법입니다.

스쿼시, 골프, 야구 등 이들은 모두 손으로 치는(hitting) 활동이 필요한 스포츠입니다. 이들 운동을 통해서 분노를 신체로부터 공속으로 전달할 수 있습니다.

축구처럼 무엇인가를 차는(kicking) 행동 역시 분노의 배출구가 됩니다. 화가 난 사람들이 종종 격분해서 아무 데나 발로 차는 것을 볼 수 있는데, 이는 억압된 분노를 없애려는 무의식적인 행동인 것입니다.

둘째, 이로 씹는(chewing) 행위를 통해서 에너지를 분산시키는 방법입니다.

가끔 질긴 음식을 먹을 때처럼 무언가를 씹고 싶을 때가 있는데, 그것 역시 마음속에 불만이나 분노가 있기 때문입니다. 이럴 때, 많이 씹어야 하는 음식을 먹고 나면 분노가 우리 몸 밖으로 배출되어 편안함을 느낍니다.

셋째, 고함지르기(screaming) 방법으로 분노 에너지를 발산하는 방법입니다. 소리를 지르면 마음속에 있던 답답한 기운이 소리 에너지로 바뀌어 밖으로 빠져나갑니다.

가끔 사람들이 싸울 때 손으로 치고, 발로 차고, 고함을 지르고, 입으로 무는 등의 장면을 볼 수 있습니다. 이런 반응들은 모두 분노를 몰아내기 위한 것입니다.

종종 이렇게 싸우고 나면, 관계가 다시 회복되기도 합니다. 그것은 그런 행위를 통해 모든 분노가 해소되어 좋은 느낌만 남게 되기 때문입니다.

이처럼 이치를 알면, 다스리기도 한결 수월해집니다.

part 4

즐겨라

part 4
즐겨라

길이 목표다

내 인생의
약도

방황의 출구?　　　　지난해 말, 오래간만에 밑줄 치며 책을 읽었다. 윌리엄 데이먼이 쓴 《무엇을 위해 살 것인가》! 인간발달 연구의 세계3대 석학이 쓴 글답게 직관과 논리가 시원시원했다. 취업이나 미래 진로 앞에서 불안으로 망설이고 방황하고 때로는 좌절하거나 자포자기하는 청춘들을 어떻게 도울 것인가? 이 물음에 대한 저자의 답변은 간명하다.

"스스로 '무엇을 위해 살 것인가'를 묻고 그 답을 찾도록 도우라!"

한마디로 목적의식이 답이라는 주장이다. 저자는 이렇게 말한다.

"목적은 평온한 시기에는 행복을, 고난의 시기에는 인내할 수 있는 회복력을 부여한다."

행복과 희망에 관해 비교적 집요한 연구를 해 왔음을 자부하는 나는 이 글로써 저자가 설파하고자 한 '목적'의 전천후적 효용에 전폭적으로 공감한다.

이 책의 연구 보고에 따르면 미국 청소년들의 약 20%만이 인생의 목적을 가지고 있었으며, 대다수는 꿈만 꾸고 있거나, 이것저것 취미 삼아 찔러보거나, 아예 아무 관심 없이 무기력하게 지내고 있었다고 한다. 그리고 이들에게 '목적'을 새로이 설정하도록 돕는 것만으로도 어둠의 터널을 벗어날 수 있는 출구가 되어줄 수 있었다고 한다.

목적과 관련하여 참고로 알아두면 좋은 것 하나! 흔히 한 사람의 일생에 크게 영향을 끼치는 선택 3가지가 있다고 한다. 첫째는 배우자의 선택, 둘째는 직업의 선택, 셋째는 가치관의 선택!

여기서 이들 3가지 가운데 배우자와 직업의 중요성에 대해서는 누가 말해 주지 않아도 충분히 공감을 하게 된다. 그런데 가치관에 대해서는 골치 아픈 주제라고만 여기고 그냥 지나쳐 버리기 쉽다. 하지만 가치관의 선택은 이 가운데 가장 중요하다. 왜냐하면 배우자의 선택은 그 사람이 사는 집의 '천정'의 색깔을 결정하고, 직업의 선택은 그 사람의 '활동 반경'을 결정하지만, 가치관의 선택은 그가 이고 사는 '하늘의 분위기'를 결정하기 때문이다. 실로 어떤 사람이 파렴치하게 사느냐, 대충 사느냐, 아니면 보람 있게 사느냐 하는 것은 결국 가치관에 달려 있지 않은가!

인생의 목적이 중요한 것은 바로 가치관의 선택과 불가분의 관계에 있기 때문이다. 이와 관련하여 흥미로운 통계가 있다. 1960년부터 20년 동안 미국 브루클린연구소에서 아이비리그 예비 졸업생 1,500명을 대상으로 '직업선택 동기에 따른 부의 축적 여부 조사'를 실시하였다. 한마디로 어떤 소신 하에 얼마나 벌었는가를 알아보았다는 것! 이들 중 1,245명(83%)은 '돈을 많이 버는 일'을 선택했고, 255명(17%)은 '좋아하는 일'을 선택했다. 20년이 지난 1980년, 그 중에서 백만장자가 된 사람은 101명이었다. 그런데 여기서 놀라운 결과가 발견되었다. 백만장자 101명 중 100명이 '좋아하는 일'을 선택한 사람이었고, 나머지 단 1명만이 '돈을 많이 버는 일'을 선택한 사람이었다는 결론이다.[1]

꼭 새겨둘 필요가 있는 역설이다. '돈을 많이 버는 일'을 선택한 사람보다 '좋아하는 일'을 택한 사람이 백만장자가 될 확률이 100배나 높다니!

이와 비슷한 통계조사가 영국에서도 있었다. 성공을 행복보다 우선순위로 여긴 사람들과 성공보다 행복을 우선순위로 여긴 사람들의 삶을 추적해 보았더니 후자가 전자보다 성공할 확률이 훨씬 높았던 것!

둘 다 목표설정을 어떻게 해야 할지를 일러주는 매우 중요한 대목이다.

엄청난 차이 또 하나 섬뜩한 대조에 주목해 보자.

미국 개척시기인 18세기 초, 두 명의 젊은이가 청운의 꿈을 안고 신대륙인 미국에 내렸다. 바로 맥스 주크스와 조나단 에드워즈라는 인물이다. 그런데 이들의 가치관은 판이하게 달랐다.

맥스 주크스는 '내가 이곳에서 큰돈을 벌어 부자가 되어 내 자손에게는 가난이라는 것을 모르고 살도록 해야겠다'라고 생각하고 뉴욕에다 술집을 차렸다. 결국 그는 당대에 큰 부자가 되었다. 반면, 조나단 에드워즈는 '신앙의 자유가 주어진 이 나라에서 보람되게 살아야겠다'라고 생각하고 신학교에 들어가서 목회자가되었다.

세월이 흘렀다. 150년이 지나, 뉴욕시 교육위원회가 이 두 사람의 자손들을 추적한 끝에 다음과 같은 놀라운 연구 결과를 발표했다.

맥스 주크스는 결국 뉴욕을 무대로 한 강력범의 대부가 되었고, 그의 후손 중에서 도합 1,107명 이상이나 감옥살이, 정신질환, 극빈 등으로 비참한 삶을 살더라는 것이다.

반면 조나단 에드워즈는 프린스턴 대학의 창립자가 되었으며, 1,394명의 후손을 퍼뜨렸다. 그 중에서 도합 587명 이상이 성직자, 교수, 정치인, 실업가, 학자 등 사회발전에 기여한 공로자들로 밝혀졌다는 얘기![2]

오싹해지는 차이다. 그러니까 목적을 잘 정해야 한다는 말이다. 자~알!

인생은 본디 그렇고 그런 것이 아니다. 우리의 인생은 단 한 번 뿐이며 소중하다. 이렇게 귀중한 인생을 친구 따라 강남 가는 격으로 대충 쉽게 휩쓸리며 살아서는 안 된다. 도박판처럼 한탕으로 여겨서도 안 된다. 남들이 저 앞에 간다고 조급해 하다 페이스를 놓쳐서도 안 된다. 늦더라도 나의 당당하고도 '선한' 목적을 세우고, 차근차근 나아가는 것이다.

'목적'이라 하여 굳이 거창할 필요는 없다. 윌리엄 데이먼은 말한다.

"목적은 '영웅적'이지 않아도 고귀할 수 있다. 〔…〕 역사책은 시대를 구한 용기 있고 드라마틱한 영웅담으로 가득하다. 하지만 고귀한 목적은 매일 매일의 평범함 속에서도 찾을 수 있다. 아이를 돌보는 어머니, 학생을 가르치는 교사, 환자를 치료하는 의사, 공동체의 진보를 위해 일하는 후보자의 선거 운동에 참여하는 시민, 이 모두가 고귀한 목적을 추구하고 있다. 시간과 배려, 노력이나 재산을 자선단체, 친구, 가족, 공동체, 믿음, 직업에 바치는 수많은 평범한 사람들도 마찬가지다."[3]

시간의 강에서 표류하라　　　흔히 꿈의 로드맵을 그려야 한다고들 말한다. 나는 이를 굳이 마다하지도 않지만 적극적으로 권하지도 않는다. 나는 이를 꿈의 '계획 농법'이라고 이름 붙이고 싶다. 이는 자신의 꿈에 농약도 주고 비료도 주고, 때 되면 인위적으로 전지도 하고 하면서 꿈의 결실을 보려는 접근법이다. 꿈이 이루어질 확률은 높아질 수 있을지 모른다. 하지만 이런 농법으로는 꿈이 이루어진다 하더라도 부작용이 남기 마련이다. 주위 환경의 피해, 잔류농약, 그리고 건강의 이상 등.

이런 이유로 나는 꿈의 '유기 농법' 내지 '태평 농법'을 권한다. 꿈이라는 나무를 파종만 하고 생태의 이치에 맡기는 것이다. 오로지 생태적으로만 경합하고 상생하면서 결실을 맺도록 말이다. 그러면 설령 소출은 적다 하더라도 그 꿈의 결실은 주위 환경과 농부 그리고 이웃들에게도 자연의 환상적인 풍미로 기쁨을 주게 되어 있다.

나더러 고르라 한다면, 로드맵보다는 표류(drift)다. 사람마다 성격이 다르듯이 목적에 이르는 접근법도 달라질 필요가 있다. 하나부터 열까지 전부 계획해서 실행해 간다는 발상보다 인생의 고비를 맞았을 때 확실하게 큰 방향을 잡은 다음, 흘러가는 대로 놓아두도록 권장하는 것. 이른바 표류다.[4]

이제 결론은 명백해졌다.

꿈을 '아침부터 저녁때까지' 줄곧 품고 있되, 확실하게 '큰 방향'을 잡은 다음, 그냥 시간의 강 속에서 표류하라. 그러면서 이루어질 때까지 버텨라!

우보만리

황소걸음이 멀리 간다　　내가 '소걸음으로 만 리 간다'는 뜻의 우보만리(牛步萬里) 정신을 각별하게 여기는 데에는 사연이 있다. 앞에서 나는 초등학교 4학년 때부터 연탄 짐을 졌다는 얘기를 했다. 그때 내 걸음새는 저절로 소걸음이 되었다. 나는 본래 성질이 급한 편이다. 그런데 성질이 급한 사람치고 걸음 하나는 '황소걸음'이다. 일단 뛰기 시작하면 기민한 편이지만, 걸음새 하나는 느리다. 그 시절 연탄과 쌀을 등에 지고 있었기 때문에 늘 걸음걸이가 황소걸음일 수밖에 없었던 것!

지금 나에게 황소걸음은 큰 장점으로 작용한다. 그 황소걸음이 바로 인내심과 추진력의 원천이 되고 있으니 말이다.

소걸음으로 만 리 간다! 마음에 새겨둘 지혜다. 역사를 움직인 것은 속전속결에 능한 '약아빠진' 사람들이 아니라, 느리더라도 뚜벅뚜벅 자신의 걸음을 걸은 '바보스런' 사람들이었다.

우보만리는 영어의 "slow and steady wins the race"(천천히 그리고 꾸준하게 가는 사람이 경주에서 이긴다)라는 격언과 짝맞춤이다.

'천천히 그리고 꾸준하게'를 한자어로 바꿔 말하면 성(誠)이 될 것이다. 그런데 "성실은 어디에서나 통용되는 유일한 화폐"라는 중국 속담이 있다.

요즘 현대판 청백리로 세간을 감동시킨 김능환 중앙선거관리위원회 위원장! 그는 자신의 고집스런 성실로 이를 입증했다. 나는 그를 두 번 만났다. 그 바쁜 일정에 그는 책임자로서 강연에 초대된 나를 깍듯이 맞아주었다. 대법관 퇴임 후 그는 전관예우의 특권이 싫어 유명 법무법인 스카우트 제의를 거절하고, 그의 아내는 이에 맞장구를 쳐 채소가게를 운영한다는 소식이 안방 뉴스를 장식했을 때 나는 몹시 반가웠다. 그가 집요하게 추적하는 기자를 돌려보낼 요량으로 툭 던져준 인생철학 불성무물(不誠無物)은 오늘 우리들에게 따뜻한 나무람이다.

"정성을 다하지 않으면 아무것도 이룰 수 없다."

부친으로부터 물려받았다는 이 유훈은 이제 그의 기인스런 실천을 통하여 감동이 되어버렸다. 바로 우보만리의 산 증거다.

희망을 품은 사람에겐 우보만리의 뚝심이 있다. 희망을 붙잡으면 어떤 경우라도 단념하지 않고 전진을 계속하여 최후의 승자가 되게 해 준다. 천리마도 한 번 뛰어 열 걸음을 갈 수 없으며, 둔한 말이라도 열흘이면 준마가 하루 가는 길을 갈 수 있다. 쉬지 않고 계속 가기 때문.

거장의 역설　　경영학자이자 세계적인 베스트셀러 작가 피터 드러커는 2005년 96세로 생을 마감할 때까지 저술활동을 멈추지 않았다. 사람들은 그를 두고 "늙은 나이에도 불구하고 어떻게 그런 정열적인 활동이 가능한가" 하고 놀라워했다. 그 배경엔 그가 젊은 시절 보았던 한 편의 오페라가 있었다.

피터 드러커가 고향인 오스트리아를 떠나 독일 함부르크로 가서 면제품 수출회사의 견습 사원으로 일할 때, 그는 일주일에 한 번씩 오페라를 관람했다. 그러던 어느 날 그는 19세기의 위대한 작곡가 베르디의 작품 팔스타프(Falstaff)를 관람하고서 큰 감동을 받았다. 집으로 돌아온 그는 그 곡에 대한 자료를 찾다가 한 가지 놀라운 사항을 발견했다. 그토록 훌륭한 오페라를 만든 작곡가 베르디가 80세나 되는 노인이란 사실 말이다. 그는 신문에 난 베르디의 인터뷰 기사도 읽어 보았다.

기자는 베르디에게 이렇게 물었다.

"선생님은 이미 최고의 작곡가로 인정받고 있는데, 왜 굳이 힘든 오페라 작곡을 계속하고 있는 겁니까?"

베르디가 대답했다.

"나는 완벽을 추구했다. 완벽은 언제나 나를 피해 도망갔다. 분명히 말해 나는 한 번 더 시도해 볼 의무가 있었다."

드러커는 그날 이후 베르디의 이 말을 마음에 간직하고 살았다.[5] 노년의 나이에도 자신이 하는 일에 완벽을 추구했던 베르디처럼, 그 역시 앞으로 나올 책이 이미 나온 책보다 더 나은 책이 되리라는 희망을 품고 그 꿈을 이루기 위해 노력했다. 그 결과 30여 권의 저서를 출간하였고 '경영학의 아버지'라는 영광스런 타이틀을 얻게 되었다.

"너무 멀리 갈 위험을 감수하는 자만이 얼마나 멀리 갈 수 있는지 알 수 있다"는 T. S. 엘리엇의 말은 바로 그에게 해당하는 말이었다.

간디의 돌직구　　만 리를 간다고 하니까 지레 겁을 먹을 수도 있다.

"만 리? 어떻게 그 느린 걸음으로 만 리씩이나! 백 리면 몰라도…."

여기 단 하루도 거르지 않고 걸음을 계속하여 만 리보다 더 먼 거리를 간 인물이 있다.

음악의 아버지라 불리는 바흐는 한때 성당 오르간 연주자로 일하면서, 성가대의 노래를 작곡해 주곤 했다. 당시 그가 작곡한 노래들은 출판되거나, 별도의 작곡료를 받지 못했다.

하지만 바흐는 매주일 꾸준히 사명감으로 그 일을 해 나갔다. 동료들은 이런 그를 오히려 "바보같다"고 혀를 찼다.

보상은 훗날 찾아왔다. 거장의 반열에 올라선 그의 음악 세계를 이룩하는 데 있어서 매주일 작곡한 그 곡들이 기초가 되었던 것이다. 바흐가 만든 수백여 곡들은 그가 날마다 꾸준히 작곡했던 바보스러움이 낳은 작품들이었다.

그렇다. 약삭빠름이 당장은 성과를 내는 것 같지만 시간의 흐름 속에서는 바보걸음이 더 큰 결실을 가져오는 법이다. 바흐 음악의 비밀은 단 하루도 거르지 않는 우직함에 있었다.

그럼에도 우물쩍거리는 우리에게 마하트마 간디가 '위로'가 아닌 '돌직구'를 던진다.

오, 인간이여. 그대가 약하든 강하든 쉬지 마라.
혼자만의 고투를 멈추지 마라. 계속 하라, 쉬지 말고.
세상은 어두워질 것이고 그대는 불을 밝혀야 하리라.
그대는 어둠을 몰아내야 하리라.
오, 인간이여. 생이 그대를 저버려도 멈추지 마라.[6]

간디는 장엄하게 말했지만 나는 저잣거리의 어투를 빌려 한마디 보태고 싶다. 야 이놈아, 어여 일어나! 해가 중천에 걸렸어. 나가서 해를 쬐든지 걷든지, 뭐라도 하든지, 좀 꼼지락거려 보라구!

너의
때

내 인생의 악보에는 쉼표가 있는가   이 글을 쓰고 있는 1월,
한 해의 첫 달을 나는 '칩거의 달'로 정했다. 겨울이 되면 스님들이
동안거(冬安居)에 들어가듯이, 나는 연초에 침묵의 시간을 보낸다.
지난 1년 동안 혹사시킨 몸과 영혼에게 휴식과 충전의 시간을 주
기 위함이다. 그러면서 나온 성찰의 결과물은 고스란히 한 묶음의
지혜로 엮인다. 이를 얼마간 곰삭혀서 저술로 출간하는 것이고….

  바쁘게 사는 것이 능사가 아니다. '바쁘다'는 의미의 한자 망(忙)
을 풀어 보면 다음과 같은 두 글자의 조합임을 알게 된다. 바로 마
음(心)과 죽음(亡) 즉, '마음을 죽인다'는 뜻이다. 이는 틀린 말이
아니다. 우리는 자신도 모르게 일중독에 빠져 허둥대면서 과로와
스트레스로 자신의 마음을 죽이면서 살기 십상이다.

뛰어난 실력을 가진 한 성악가가 있었다. 그는 미리 연습하지 않아도 즉석에서 악보대로 노래를 잘 부르는 사람으로 유명했다. 당연히 웬만한 음악회들은 그를 초빙하려고 줄을 섰다.

그러던 어느 날 성악가는 한 권위 있는 음악회에 출연하게 되었다. 작곡가는 더 심혈을 기울여 성악가에게 줄 노래를 만들었다. 성악가는 우레와 같은 박수를 받으며 무대로 나갔고 노래가 시작되자 사방은 쥐 죽은 듯이 조용해졌다. 성악가의 노래는 다른 날이랑은 비교도 되지 않을 만큼 최상이었다. 그런데 노래를 시작한 지 얼마 되지 않아 성악가가 그 자리에 쓰러지고 말았다.

악보에 쉼표가 없었던 것이다. 쉼표가 없으니 숨을 못 쉬고 쓰러질 수밖에.

악보대로 노래를 부르다가 참극을 맞았다는 지어낸 이야기지만, 여기에 우리가 놓칠 수 없는 시사점이 있다. 바로 인생이라는 악보에 '쉼표'가 반드시 필요하다는 역설이다.

쉼표! 이것이 명품인생의 조건이다.

ON/OFF 스위치　　　지금 자의든 타의든 잠시 쉬고 있는 이가 있다면, 그에게 응원이 되는 이야기가 있다.

두 명의 나무꾼이 나무 베기 시합을 하였다. 둘은 똑같은 시간에 시작해서 똑같은 시간에 일을 마쳤다. 한 사람은 중간에 30분을 쉬었고 다른 한 사람은 쉼 없이 일했다. 그런데 결과를 비교해 보니 30분간 쉬었던 사람이 더 많은 나무를 베었다. 어떻게 된 것일까?

30분간 휴식을 취한 사람은 그 시간에 새롭게 에너지를 충전하는 한편, 틈틈이 도끼의 날을 갈았던 것! 반면에 휴식을 취하지 않은 사람은 그 시간에 지치기도 하고 도끼날도 점점 무뎌져 이후 시간이 흐를수록 작업이 더욱 힘겨워졌던 것!

그러니 지금 '내'가 잠시 멈추어 있다면 이 기간이야말로 충전의 시간이요 도끼날을 가는 시간임을 기억할 일이다.

자연계에는 온오프(ON/OFF) 스위치가 있다. 식물들은 차고 건조한 겨울에는 삶을 'OFF' 시킨다. 두터운 눈에 덮여 생명 활동을 거의 중지하고 바싹 마른 채 겨울을 버티는 것이다. 현실의 삶이 너무 혹독할 때 특히 남극의 식물들은 이처럼 짧은 죽음을 택한다. 봄이 되고 눈이 녹기 시작하면 다시 'ON' 스위치가 작동된다. 이렇게 자연계의 생물들은 끊임없이 죽었다 부활했다를 반복한다. 특히 추위가 심한 남극에서는 죽음의 시간이 길다. 생물들은 그 악조건 속에서 살아남기 위하여 그 길고 긴 죽음의 기간을 수용할 줄 안다. 가속 페달에서 발을 뗄 수 없는 인간의 삶과 비교도 할 수 없는 느린 삶이다.[7]

때로는 그저 존재하는 것만으로 충분할 때도 있다.

휴(休)~ 하라! 고단한 몸의 긴장을 풀고 충분히 충전하라. 그래야 더 멀리 갈 수 있고, 더 빠르게 갈 수 있는 것이다.

바로 앞의 글에서 나는 '중단 없는 전진'을 역설했다. 푹 쉬는 것과 전진하는 것은 모순이 아니라 상호보완관계다. 쉴 때는 아무 걱정 없이 푹 쉬는 것이다. 그래야 전진할 수 있다.

사지 말고 누려라　　또 하나 놓치지 말아야 할 것!

목표를 정하되, 과정을 즐기라는 말이다. 독일 속담에 이런 말이 있다.

"길이 목표다."(Der Weg ist das Ziel)

길 자체를 목표처럼 여기며 즐겨라! 그 길이 빗나간 길이거나 곁길이 아니라면, 필경 목표에 닿아 있으니! 이런 의미다. 그러니 길을 가면서 자신이 하는 일을 즐길 것은 물론, 이미 주어진 모든 것을 누릴 줄 알아야 한다.

우리 눈앞에 이미 선사된 값없이 누릴 수 있는 것을 놓쳐버리고 애써 높은 가격을 지불하고서 '즐거움'이나 '감동'을 사려는 우리들의 어리석음을 깨달아야 한다.

멕시코시티의 대형시장 한구석에서 양파를 파는 포타라모라는 인디언 노인이 있었다. 시카고에서 온 한 미국 여행객이 그에게 다가와 양파 가격을 물었다.

"한 줄에 10센트입니다."

"그럼 두 줄 사면 좀 깎아주십니까?"

"아닙니다. 두 줄이면 20센트입니다."

"스무 줄 다 사도 한 푼도 깎아주지 않습니까?"

"스무 줄 전부는 팔지 않습니다."

"그게 무슨 말입니까? 양파가 일찍 다 팔리면 좋은 일 아닙니까?"

미국인이 이해할 수 없다는 듯이 묻자 노인은 빙긋 웃으며 대답했다.

"나는 지금 양파를 팔려고가 아니라 인생을 사려고 여기 있는 것입니다. 나는 이 시장통의 활기와 따스한 햇볕, 이웃들과 나누는 대화, 이 모든 것을 사랑합니다. 이것이 바로 내 삶인 것이지요. 이것들을 위해 나는 하루 동안 양파 스무 줄을 파는 겁니다. 그런데 이걸 한 번에 모두 다 팔면, 나는 집으로 돌아가야 되지 않습니까. 그렇게 단번에 내 즐거움을 잃을 수는 없지요."[8]

양파 파는 노인에게는 시장에서 양파를 파는 것 자체가 돈벌이라기보다 낙이었던 것! 그러니 어찌 자신의 하루를 한몫에 팔 수 있겠는가. 그러므로 빠른 실적을 얻기 위하여 현재 즐거움을 팔지 말 일이다.

각자 자신에게 한번 물어보자. 나는 너무 일 중심으로, 능률 중심으로, 속도지향적으로 나의 하루를 '해치우고' 있지는 않는가.
"더 많이, 더 빨리"가 우리의 모토는 아닌가.

　　간혹 호들갑스런 채근 끝에 절망이라는 불청객이 불쑥 고개를
디밀 수 있다. 그때 희망은 우리를 다독인다.
　"아직 때가 되지 않았기 때문이야.
　너의 때가 되면 웃게 될 거야.
　아니! 지금 웃어, 바로 그 순간이 너의 때이니."

괜찮다 괜찮다

"이룬 것이 없다"는 자괴감으로 괴롭다. 해결책은?

인생무상이라고들 말한다. 누구나 자신의 삶을 돌이켜 보면 후회가 앞서기 마련이다. 심한 경우 회한의 괴로움에 시달리기도 한다. 어떤 이들은 자책감에서 묻는다.

"뼈 빠지게 고생하면서 살아왔는데, 돌이켜 보니 이룬 것이 별로 없습니다. 이 나이 먹도록 뭐했나 하는 생각으로 자괴감이 큽니다. 내게 무엇이 잘못된 것입니까?"

아름다운 이야기 하나 들려드리는 것으로 답을 대신하겠습니다.

한 남자가 남태평양의 아름다운 섬으로 여행을 떠났습니다. 그는 원주민에게 안내를 부탁했습니다. 해변을 걷던 남자는 원주민에게 시합 하나를 제안했습니다.

"여기서부터 저쪽 나무까지 달리기 시합을 해 보죠."

출발 신호와 함께 남자는 재빨리 앞으로 뛰어 나갔습니다. 그는 일그러진 표정으로 이를 악물고 땀을 뻘뻘 흘리며 결승선을 통과했습니다. 뒤돌아본 그의 얼굴에 의기양양한 미소가 흘렀습니다. 원주민은 이제 겨우 중간 지점을 통과했기 때문입니다. 하지만 원주민은 사뿐사뿐 춤추듯, 크고 느린 보폭으로 얼굴 가득 웃음을 머금고 달렸습니다. 이윽고 결승선을 통과한 원주민은 껑충껑충

258

뛰며 환호성을 질렀습니다. 그걸 본 남자가 어처구니없다는 표정으로 물었습니다.

"내가 이겼는데, 왜 그렇게 좋아하는 겁니까?"

그러자 원주민이 순박한 표정으로 되물었습니다.

"내가 이긴 것 아닙니까? 당신보다 훨씬 아름답게 달렸잖아요."

깨달음을 주는 이야기입니다. 성과를 논하기 전에 먼저 기준을 점검하라는 것입니다.

인생을 양이나 가시적인 업적으로 결산하는 것은 위험한 사고입니다. 진정한 가치는 측량할 수 없습니다.

나는 연구소 가족들에게 연말이 되면 꼭 이렇게 말해 줍니다.

"우리같이 비영리단체에서 일하는 사람들은 연말결산을 세상 사람들의 기준으로 하지 말아야 합니다. 돈으로 손익결산을 하는 것은 우리에게는 아무 의미가 없습니다. 우리는 그 과정에서 얼마나 많은 의미가 창출되었는지를 헤아려야 합니다. 우리로 인해 누가 희망을 가졌는지, 어떤 사람이 우리에게서 행복을 배웠고 위로를 얻었는지, 우리로 인해 어떤 사랑이 소통되었는지, 이런 것들을 세어보아야 하는 것입니다…."

이런 셈법으로 산 인물들의 이야기는 찡한 울림을 줍니다.

프랑스의 대표적 화가 밀레. 그는 정식 화가의 길을 걷기 시작

한 이후, 파리 교외로 이사하여 농사를 지으면서 농민생활의 모습
과 자연풍경을 그렸습니다.

그러던 어느 날 한 친구가 돈 많은 부자를 데리고 밀레의 집을
찾아왔습니다. 그 부자는 밀레의 그림을 보고 감탄했지만, 주제가
썩 마음에 들지 않았습니다.

"농부의 삶을 그리는 것은 부자들에 대한 반감의 표시라 여겨
좋아하는 사람이 별로 없을 것이네. 만일 자네가 아름다운 여인
의 자태를 그린다면, 그러한 그림들은 모두 내가 사도록 하지. 어
떤가?"

부자의 유혹적인 제안에, 밀레는 아무 망설임 없이 이렇게 답했
습니다.

"예술에는 미움이나 원망, 거짓을 담을 수 없습니다. 진정한 예
술은 오로지 '사랑하는 마음'에서만 우러나옵니다. 내가 전원의 그
림을 고집하는 이유는 그들을 통해서만이 진실을 볼 수 있고, 사
랑하는 마음이 생기기 때문입니다."[9]

이런 말을 할 수 있는 마음이 있었기에 밀레는 오늘날에도 사랑
받는 화가가 될 수 있었겠지요. 밀레는 우리가 어떤 꿈을 꾸어야
할지를 가르쳐주는 훌륭한 사표라 해도 지나지 않습니다.

우주적 여운을 남긴 채 우리 곁을 떠난 스티브 잡스가 마치 자

신의 단명을 자위하듯 말합니다.

"여정은 목적지로 향하는 과정이지만, 그 자체로 보상이다."

사람이
희망이다

너로
인해
산다

뜯지 않은 돈 봉투　　꽤 오랫동안 알아왔던 지인이 있다. 그는
내 초등학교 2년 후배다. 3세 때 지독한 소아마비를 앓은 뒤 양다
리를 쓸 수 없게 되었지만, 그는 걷고자 하는 꿈을 포기하지 않았
다. 척추뼈를 깎고 맞추는 대형수술을 2년간 세 차례에 걸쳐 받
아 목발에 의지해 홀로 걷게 되기까지 걸린 27년의 세월! 하지
만 그 사이 그는 가족을 떠나 치과기공기술을 배우고, 귀금속가
공2급 국가기능사 자격을 취득하여, 버젓이 생계를 유지하며 남
부럽지 않게 생활터전을 마련하였다. 어릴 적 나무에서 떨어져 척
추를 다친 어여쁜 처녀와 맞선을 보고 결혼하여 두 아들을 낳으며
살아온 러브스토리는 그야말로 명품이다.

　내가 이렇게 장황하게 그를 소개하는 이유는 내가 그의 도움을
많이 받았기 때문이다. 그는 내가 비엔나에서 유학할 때, 나에게

가장 자주 편지를 보내준 후견인이었다. 그의 편지에는 구구절절 생철학이 노래하고 있었다.

살아있음의 신성함, 살아감의 뿌듯함, 살아내야 함의 비장함! 이런 에너지를 꼬박꼬박 공급받았기에 학위를 마치고 귀국해서도 나는 어떤 형식으로든 그에게 감사를 전하며 오늘에 이르렀다.

비록 목발을 짚고서도 걸음걸이가 흐느적거리지만, 그는 반짝이는 사유와 망설임 없는 실천의지로 자유로운 인생여정을 뚜벅뚜벅 걷고 있다. 하도 장하여 그가 그간 여기저기 기고한 주옥같은 글들을 모아《생각하며 실천하는 자유인》이라는 산문집을 발간하도록 도와주었다. 이 책은 문화체육관광부 우수교양도서로 선정되기도 했다.

그랬는데, 작년 말쯤 대뜸 만나자는 연락을 보내왔다. 어렵게 시간을 내어 식사를 나누던 자리에서 그가 양복 안주머니를 뒤지더니 쭈뼛쭈뼛 봉투를 꺼내어 건네는 것이었다.

"이거 그동안 책 원고료 모아둔 것입니다. 받은 것 고스란히 모았습니다. 꼭 필요한 사람에게 전달해 주세요! 내 고마움의 표시입니다."

고마움이 돌고 돌아 다시 내게로 돌아왔네!
처음엔 당황스러웠지만 나는 기분 좋게 받았다. 풀로 고이 봉해져 있는 그 봉투를 나는 아직도 그대로 지니고 있다. 가로채기의 잘못은 범하지 않았다. 다만 나는 그 봉투를 치열한 사랑의 일깨움으로 계속 남겨두고 싶었던 것이다.

사람이 희망이다.
'나'는 '너'를 지향하기 때문이다.
내가 힘들 땐, 내게 위로가 될 너를 찾는다.
내가 여유로울 땐, 격려가 필요한 너를 향한다.
같이 고달플 땐, 서로가 서로를 지향하며 의기투합한다.

사람을 살리는 말　　아무리 절망스러워도 우리가 살아갈 힘을 내는 것은 서로 도움을 주고받을 사람이 있기 때문이다.

지난해 말 모 TV방송 〈지식나눔콘서트 아이러브인〉에 출연했을 때의 일이다. 강의가 끝나고 방청객들이 손을 들어 나에게 질문을 하는 코너였다. 한 젊은이가 내게 돌발 질문을 던졌다.

"신부님, 저는 저보다 어린 친구들의 멘토 역할을 해 주고 있어요. 그런데 제가 아는 한 친구가 말하길, 자기는 미래의 꿈도 목표도 전혀 갖고 있질 않다는 거예요. 그런 아이한테는 무슨 말을 해 줘야 꿈을 갖게 할 수 있을까요?"

내가 그 친구에게 해 준 도움말은 이랬다.

"꿈이 없다는 것은, 자신의 존재가 흔들리고 있는 상태라는 뜻입니다. 그 아이가 존재의 내공을 갖고, 생의 의욕을 갖게 하려면, '사랑'밖에는 답이 없습니다. 그 아이에게 진심 어린 사랑을 베풀어주세요. 그렇게 그 아이가 자신이 사랑받는 존재라는 것을 깨달을 때, 생의 의욕이 절로 살아나겠죠. 그렇게 되면 저절로 꿈도, 희망도, 목표도 생기기 마련입니다."

내 답변과 동시에 객석에서는 우레와 같은 박수가 쏟아졌다. 여기저기서 고개를 끄떡이는 모습을 볼 수 있었다.

그렇다. '나의' 지혜로운 말, 따뜻한 말 한마디가 인간관계를 회복시켜줄 수 있다.

자녀들의 성적이 떨어진다 하여 야단만 친다고 능사가 아니다. "너는 대기만성이다", "너는 할 수 있다", 이런 말을 반복해 줄 때 반드시 좋은 결과가 일어난다.

부부 사이에서도 마찬가지다. "우리 남편이 최고야", "당신 덕분에 내가 살아", "고마워요", "사랑해" 등 서로를 살리는 말을 해주면, 그 이후 얘기는 달라질 것이다.

사랑의 역습　　　그런데 도움을 베풀어야만 도움을 주는 것이 아니다. 도움을 받음으로써 도움을 주는 경우도 있다.

이 세상에 '나는 쓸모없는 존재, 필요없는 존재야'라고 느끼는 것보다 더 큰 불행은 없다고 한다. 불행 중의 불행으로 꼽히는 전쟁이나 빈곤 등은 견뎌내도, 무의미·무가치의 자각은 극복 불가

266

능한 좌절로 이끈다. 이를 깨달은 마더 데레사는 일반 상식으로는 납득하기 어려운 행동을 했다고 한다. 바로 가난한 이들을 찾아가 "빵을 베풀어 달라"고 청한 것. 역설이다. '가난하기 때문에 누구에게도 필요치 않은 존재'라 여기며 마음의 상처를 안고 있던 사람들에게 도움을 요청한 것이다. 이렇게 하여 그들은 자신들도 누군가에게 도움을 줄 수 있는 존재라는 것을 확인한다.

이 기막힌 치유책을 오늘날 일본에서 '죽고 싶어 하는' 사람들을 가장 많이 만나는 치료사가 된 하세가와 야스조는 이렇게 매듭짓는다.

"'도와줘'라는 말의 이면에는 '사랑한다'는 의미가 숨겨져 있습니다. '도와줘'라는 말은, 진정 좋아하는 사람한테만 할 수 있기 때문입니다."[1]

반전의 얘기다. 사랑을 받아들이는 것 역시 사랑이다. 상대방이 나를 도와줄 기회를 주는 것도 사랑이다. 흔히 주는 것만이 사랑이라 생각하기 쉽지만, 사랑을 청하는 것도 사랑인 것이다. 사랑의 역습이라 할까.

우리를
결합시키는
것

인간 진통제　　《젊은 베르테르의 슬픔》을 쓴 괴테를 사랑의
역전노장이라 불러도 무방할 것이다. 인생 말년 74세의 노령으로
19세의 처녀를 사랑하였으니 말이다. 그는 노익장으로 노래했다.

　우리는 어디서 태어났는가.
　사랑에서.

　우리는 어떻게 멸망하는가.
　사랑이 없으면.

　우리는 무엇으로 자기를 극복하는가.
　사랑에 의해서.

우리를 울리는 것은 무엇인가.

사랑.

우리를 항상 결합시키는 것은 무엇인가.

사랑.[2]

괴테는 단지 감상을 노래한 시인이 아니다. 그는 인간의 본성을
꿰뚫어 본 철학자다. 그러기에 그의 말은 겨우 아름다운 시 한 편
이 아니라, 사랑의 위대한 힘에 대한 증언이다.

괴테의 이 짧은 통찰에 도처에서 들려오는 미담들이 맞장구를
쳐준다.

서양에서는 병원에서 수술환자가 회복 중일 때 '위생'을 이유로
철저하게 의료진의 손에 맡겨져 있지만, 동양에서는 대체로 가족
들도 병간호를 돕도록 허락되어 있다. 특히 인도에서는 가족들의
병수발이 미덕이라고 한다. 가족들이 밤을 새우며 곁을 지켜주면
서 환자가 통증으로 깨어나면 다시 잠들 때까지 마사지를 해 주는
것이다. 놀라운 사실은 가족들이 이렇게 환자의 회복을 도울 때,
의료진만의 도움으로 치료를 받는 환자보다 적은 진통제를 필요
로 한다는 것![3] 놀라운 일이다.

사랑은 진통제!

이 말은 하나의 아름다운 시가 아니라 말 그대로 사실이다. 육체적으로든, 경제적으로든 고통을 겪고 있을 때, 사랑이 진통제며 힘이다. 그러기에 소포클레스는 말한다.

"삶의 무게와 고통에서 자유롭게 해 주는 한마디의 말, 그것은 사랑이다."

결코 만만치 않은 이 세상 속을 그래도 묵묵히 걸어 나갈 수 있는 힘이 있다면, 그건 바로 '사랑' 때문이 아닐까.

최강의 응원　　이탈리아 나폴리의 한 공장에 성악가를 꿈꾸는 소년이 있었다. 어려운 형편에 겨우 레슨을 받게 된 소년에게 선생은 단호하게 말했다.

"자네 목소리는 덧문에서 나는 바람소리와 같아. 성악가로서의 자질이 전혀 보이지 않는군."

음악교사의 이 같은 혹평에 소년은 실망을 금치 못하였다. 그런데 소년의 어머니는 의기소침해진 아들을 꼭 껴안으며 이렇게 말했다고 한다.

"넌 할 수 있어. 절대 실망해선 안 돼. 네가 성악 공부를 포기하지 않는다면 엄마는 어떤 희생도 감수할 수 있단다."

소년은 어머니의 격려를 받으면서 열심히 노래했다. 비록 그 뒤에도 선생은 소년에게 칭찬 한 번 하지 않았지만, 그는 이를 악물고 배워가며 밤새 연습에만 매진하였다. 결국 23세 때 데뷔했으나 우여곡절 끝에 성공할 때까지 그는 푼돈을 받고 무대에 올라야만 했다. 이 소년이 바로 역사적인 대 테너가수 엔리코 카루소다.

따뜻한 사랑의 말 한마디가 한 사람의 위대함을 세상에 드러냈다. 한낱 덧문의 바람소리 같다고 혹평 받던 목소리가 세상에서 가장 아름다운 미성으로 극찬받기 시작하였다. 훗날 그의 창법은 벨칸토(bel canto)의 모범, 곧 '아름다운(bel) 노래(canto)' 가창법으로 인정되었다.

숱한 악조건 속에서도 결코 포기하지 않았던 이 전설의 성악가 카루소의 버팀목은 어머니의 흔들림 없는 사랑, 바로 그것이었다. 이리하여 사랑의 별칭이 하나 더 생겼다.

사랑은 최강의 응원!

이렇듯이 사랑은 한계를 뛰어넘게 하는 마력을 발휘한다. 사랑이 있는 한, 문제는 더 이상 문제가 아니다.

모 방송에 말기 대장암과 말기 위암을 연거푸 극복한 60대 남성이 출연했다. 그 비결을 묻는 질문에 그가 공개한 답변이 출연진과 방청객을 눈물바다로 몰고 갔다.

"아내가 '사랑'으로 만들어준 음식이었습니다. 내 아내는 나라는 존재만을 위해 이 지상에 내려온 천사입니다."

사랑의 위력 앞에 극복하지 못할 한계는 없다. 넘지 못할 산도 없고, 건너지 못할 바다도 없다.

입의 방문, 손의 방문, 발의 방문   삼포(연애, 결혼, 출산 포기)
세대니 사포(+인간관계 포기)세대니 운운하는 마당에, 가족 사랑이
란 표현 자체가 거북할지도 모르겠다. 부담스러워할 필요가 없다.
가족은 단지 사랑 그물망의 상징일 뿐이다. 누구라도 좋다. 친구,
직장 동료, 이웃…. 인간 안에 존재하는 사랑의 본능은 어떤 식으
로든 그 대상을 찾아내기 마련이니까.

　인간관계는 주어지는 선물이기도 하지만, 노력으로 만들어지는
측면도 있다. 어느 경우든, 좋은 인간관계는 행복과 성공의 필수
요건이다.
　'지금 내 주변에는 아무도 없다', '외로움 속에 지쳐버렸다'고 느끼
는 이가 있다면, 그럴 때일수록 오히려 외부를 향해 눈을 돌려볼 일
이다. 정말 '아무도' 없는지. 정녕 그렇다 해도 한번 바꿔서 생각해
보라. 만일 내 눈앞에 있는 그 사람이 지금 나와 똑같은 고독을 느끼
고 있다면 나는 어떻게 해야 옳을까. 왜 나는 그에게 먼저 다가갈 용
기를 내지 못하는 것인가. 한번 미친 척하고 해 보라. 내가 그에게
주려던 위로가 나 자신에게로 돌아오는 기적을 체험할지도 모르는
일이다. 최소한 우리는 한 가지 사실을 확인했다. 나만 고독한 것이
아니라는 진실을. 나의 동료들이 도처에 있다는 이 놀라운 위로를.

미국의 카네기공대 졸업생들을 조사한 결과 '성공하는 데 전문적인 지식이나 기술은 15%밖에 영향을 주지 않았으며, 나머지 85%가 인간관계였다'고 나타났다.

그렇다면 좋은 인간관계를 형성하려면 어떻게 해야 할까. 그리 어렵지 않다. 인간관계가 좋은 사람들을 보면 하찮다고 생각할 만한 작은 일도 소홀히 하지 않고 잘 챙겨서 여러 사람과 좋은 관계를 유지하고 있음을 본다. 그들은 특히 '3가지 방문'을 잘 하는데, 바로 '입의 방문'과 '손의 방문', '발의 방문'이다.[4]

입의 방문은 직접 또는 전화로 주위 사람을 챙기고, 칭찬하고, 격려하는 방문이다.

손의 방문은 문자나 편지로 관심과 사랑을 전달하는 방문이다.

발의 방문은 말 그대로 상대가 어려움에 처했을 때 찾아가 위로를 주는 방문이다.

인간관계는 이 3가지 방문으로 돈독해지기 마련이다. 지금 외로움으로 움츠러든 이가 있다면, 멀지 않은 훗날을 위해서라도 자신이 할 수 있는 가장 쉬운 방문이라도 꾀해 볼 일이다.

먼저 뗀 입술이 되라. 먼저 내민 손이 되라. 먼저 내디딘 발이 되라. 그 자체로 무엇 하고도 바꿀 수 없는 보람을 거두리라. 운 좋으면 백배의 보상도 얻으리라. 이것이 사랑의 기적이다.

함께라면

인간(人間)스러움   사람을 한자로 인간(人間)이라 부른다. 이 단어에는 사람의 본질이 숨겨져 있다. 우선 인(人)은 서로 기대는 존재임을 가리킨다. 그 다음 간(間)은 '사이'를 뜻하는 것으로 보아, 사람을 관계적 존재로 보고 있음을 알 수 있다. 곧 예로부터 사람은 홀로 사는 존재가 아니라 함께 사는 존재임을 스스로 알고 있었던 것!

사람은 함께 살게끔 생겨먹은 존재다. 그런 존재가 '홀로' 살도록 내몰리니까, 문제가 생기는 것이다. 그렇다면, 해결책은 다시 '함께'를 회복하는 것 아닐까.

바야흐로 다문화시대다. 다문화시대 최고의 덕목은 뭐니뭐니해도 이 '함께'다. 사회학적 용어로 똘레랑스, 관용이 되겠다.

진정한 관용은 편견을 깨는 데에서부터 출발한다. 우리는 숱한 편견의 관성으로 살아가고 있는지도 모른다. UN이 선정한 최고의 동시로 유명해진 〈Black & White〉는 우리들의 모순을 부끄러워지도록 폭로한다.

태어날 때부터 내 피부는 검은색.(When I born, I black)

자라서도 검은색.(When I grow up, I black)

태양아래 있어도 검은색.(When I go in sun, I black)

무서울 때도 검은색.(When I scared, I black)

아플 때도 검은색.(When I sick, I black)

죽을 때도 여전히 나는 한 가지 검은색이랍니다.(And when I die, I still black)

그런데 백인들은요.(And you, white fellow)

태어날 때는 핑크색.(When you born, you pink)

자라서는 흰색.(When you grow up, you white)

태양아래 있으면 빨간색.(When you in sun, you red)

추우면 파란색.(When you cold, you blue)

무서울 때는 노랑색.(When you scared, you yellow)

아플 때는 녹색.(When you sick, you green)

죽을 때는 회색으로 변하면서.(And when you die, you gray)

이래도 너는 나를 유색인종이라고 하는지?(And you calling me colored?)[5]

원문으로는 곰살스러움이 우리들의 두터운 벽을 허물어주고 있는 느낌이다. 이 영감 어린 동시의 메시지는 백인만을 위한 경종이 아니다. 또한 인종주의에 대한 경종이 아니다. 이 세상 모든 편견에 대한 에누리 없는 고발이다. 그러면서 '인간스러움'의 회복을 위한 아이들의 재롱이다.

이기심의 저편　　　생래적으로 더불어 살게끔 소여된 인간이 그 천성을 거스르면 결과적으로 불행을 맞이하게 된다. 이기적인 마음은 종국에 자신에게 전혀 원하지 않았던 후회를 몰고 온다.

　어느 마을에 한 빵장수가 있었다. 그는 가난한 농부로부터 매일 버터를 공급받아 빵을 만들었는데, 하루는 농부가 가져오는 버터의 양이 미심쩍어 무게를 재 보았더니 역시나 조금 모자랐다. 그 다음날도, 그 다음날도 마찬가지였다.

　화가 머리끝까지 난 빵장수는 여태껏 납품된 버터의 무게를 잰 기록을 증거로 농부를 고소했다.

　그런데 재판 결과 처벌받은 것은 오히려 빵장수였다. 체포된 농부가 진술하기를, 자신에게는 저울이 없기에 빵장수가 만든 1파운드짜리 빵의 무게에 맞추어 버터를 잘라 납품했다는 것이었다.

결국 빵장수는 자신의 이익을 위해 빵의 크기를 줄여 양을 속인 것으로 원인 제공을 해 왔다는 얘기다.

나의 이기적인 꼼수는 돌고 돌아서 자신에게 피해로 돌아오는 법이다. 그러므로 '남이야 어떻게 되건 나만 잘 살면 된다'라는 식으로 살면 끝에 가서 공동파멸에 이르게 되어 있다.

희망은 이기심의 저편에 있다. 본능으로 사는 동물도 생존을 위해서 '더불어 살기'의 방법을 취할 줄 안다.

펭귄의 공생지혜는 유명하다. 남극 지방의 혹한은 상상을 초월한다. 한겨울의 기온은 영하 60~70도가 보통이다. 이러한 남극에 겨울이 다가오면 펭귄 무리는 극점으로 이동하기 시작한다. 기온이 내려갈수록 조금이라도 따뜻한 곳을 찾는 것이 생태계의 철칙이지만, 펭귄은 반대로 가장 추운 곳을 찾는다. 강풍을 피하려는 슬기의 소산이다.

극점에 도달한 펭귄 무리는 서로 몸을 맞대고 촘촘히 포개 앉아 원을 만든다. 이름하여 허들링(huddling)이다! 그런 상태로 춥고 캄캄한 겨울을 보낸다. 서로의 체온에 의지해 가혹한 추위를 극복하는 것이다. 자리다툼을 자제한 채 하나로 뭉치는 지혜가 펭귄의 생존 전략인 셈이다. 펭귄은 자신의 체온을 나눔으로써 상대방의 체온을 자신의 것으로 삼는다.[6]

동물도 공생의 지혜를 알고 있을진대, 사람이 이 지혜를 몰라서는 체면이 서지 않을 일이다. 반기문 UN사무총장이 오늘날 국제사회가 직면한 어려움을 타개할 방안으로 글로벌 시티즌에게 호소한 말은 우리에게도 유효하다.

"함께 노력하면 불가능한 일은 없다."(Together, Nothing is impossible)[7]

가슴앓이의 미학　　사람은 본능적으로 누군가와 함께 살고 싶어 하지만, 늘 아름다운 하모니를 이루며 산다는 것은 그리 녹록한 일이 아니다. 미완성의 인간이 서로 어우러지다 보니 잘못도 범하고 상처도 주고받게 된다. 그러므로 함께 조화롭게 살려면 용서하는 법도 터득해야 하고, 서로를 관용하는 법도 배워야 한다.

상대방을 내 마음의 공간에 받아들이는 관용 내지 수용은 일정한 노력을 요구한다. 신영복 교수는 그것이 감당해야 하는 고통에 대해 말한다.

"사랑은 통절한 아픔이다. 사랑은 자신의 세계 안으로 한 존재를 오롯이 받아들이는 것이다. 얼마나 힘들고 얼마나 부담스러운 일이냐. 가슴 아픈 것과 골치 아픈 것, 이 둘의 차이가 무엇이냐. 자기 세계로 받아들인 것은 가슴 아픈 일이 되고 자기 세계로 받아들이지 못한 것, 받아들이기 싫은 것은 골치 아픈 일이 된다."[8]

번쩍 깨달음을 주는 지혜의 말이다.

'나' 자신이 지금 통절한 아픔을 겪고 있다면, 그것은 누군가를 사랑하기 때문이라는 것. 만일 '골치'가 아프다면 '나 자신'만 사랑하는 증세요, '가슴'이 아프다면 '남'을 사랑하는 징후라는 얘기. 이렇게 본다면 우리의 '가슴앓이'는 쓸데없는 것이 아니었다는 결론에 이르게 된다.

괜찮다 괜찮다

살다 보면 경쟁도 필요하고 공생도 필요하다. 지혜로운 선택의 방법은?

현실은 냉혹하다. 생존은 곧 경쟁에서 살아남는 것을 뜻한다. 하지만 때로 공생이 살 길인 경우도 있다. 그러기에 우리는 곧잘 헷갈린다. 당연히 물음이 생길 수밖에 없다.

"적과의 동침이란 말이 있듯이, 경쟁과 상생의 경계가 모호할 때가 있습니다. 어떤 기준을 적용해야 합니까?"

몇 년 전 미국 순회강연을 갔다가, 한번은 뉴욕에서 이런 이야기를 들었습니다.

"한국 사람 참 똑똑합니다. 유대인들도 두 손을 들 정돕니다. 일대일로 경쟁을 하면 항상 한국 사람들이 이깁니다. 하지만, 규모가 큰 사업 주인은 거의 유대인들입니다. 왠지 아세요? 그들은 십시일반으로 자금을 모아서 자본을 결집시키기 때문입니다."

굳이 설명도 토도 필요하지 않은 현상임을 모두가 공감할 것입니다. 하지만 이 말은 나에게 사그라들지 않는 안타까움을 남겼습니다. 그러던 차, 모 일간지에서 이보다 더 쓰린 개탄을 접했습니다. 내용인 즉슨, 유대인 상권에 한국인이 들어와 가게를 열면 장사를 하고 있던 유대인이 바짝 긴장을 하는데, 한국인이 한 명 더 들어와 장사를 시작하면 마음을 놓는다는 것이었습니다. 부지런

하기로 유명한 한국인은 그 특유의 근면성과 성실함으로 유대인들의 생존을 위협하지만, 한국인이 한 명 더 들어오면 오히려 그들끼리 서로 경쟁하느라 얼마 못 가 둘 다 파산하고 만다는 것입니다.[9]

미루어 생각하건대 다 그렇지는 않은 극단적인 현상일 것입니다. 그럼에도 이 얘기를 통해서 우리는 한국인의 특성인 '경쟁 DNA', 나아가 그 폐해를 확인한 셈입니다. 그리고 유대인의 강점이 그들의 '공생 DNA'임을 알게 된 셈입니다.

그렇다면, "한국인은 틀려먹었고 유대인은 옳다"고 단언할 수 있을까요? 답은 그리 단순하지 않습니다. 나는 개인적으로 그 답을 '생태'라는 단어에서 찾습니다. 그리하여 답은 애매모호하게 됩니다. "둘 다 옳고, 둘 다 틀리다!"

이 설명을 나는 차윤정의《숲 생태학 강의》에서 발견합니다.[10]

저자에 의하면, 생태계에서 수많은 생물종이 만들어내는 관계는 대략 8가지라고 합니다. 첫째는 중립관계고, 둘째는 경쟁관계고, 셋째는 포식관계고, 넷째는 기생관계고, 다섯째는 편리공생관계고, 여섯째는 편해공생관계고, 일곱째는 상리공생관계며, 마지막 여덟째는 협동관계라는 것입니다.

요컨대, 모든 생태적 관계는 '경쟁'과 '상생'을 양극단으로 한 스펙트럼에 위치한다는 얘깁니다. 이 가운데 불필요한 부분은 없습니다. 다 삼라만상이 존재하기 위해 엮어내는 과정인 것입니다.

다만, 우리에게 요청되는 것은 스스로가 최후의 그리고 최선의 생존자가 되기 위해 어떤 선택을 할 것인가를 아는 지혜입니다.

한국인은 지금 그 지혜를 깨치고 있는 중입니다. 나는 또 다른 기회에 브라질 상파울루에 갔다가 들은 기분 좋은 이야기 속에서 그 희망을 보았습니다.

바로 현재 한국 교민들이 의류 생산 및 도매업으로 브라질 의류의 70%를 공급하고 있다는 얘기였습니다. 이는 한국에 살고 있는 대한민국 국민에게도 고무적인 쾌거입니다. 나는 한 교민의 안내로 그 자랑스러운 상생의 현장을 둘러보며 흥분을 가누지 못했습니다. 패션 감각이 세계적으로 뛰어난 브라질 사람들의 고급 의상까지 한국인이 주도적으로 공급하고 있다니!

시작은 한 동대문 출신의 미싱사로부터 초라하게 시작되었다고 합니다. '빼어난' 재봉틀 실력 하나만 가지고 야금야금 인정받기 시작한 이 미싱사가 명성을 얻게 되자, 함께 온 한국 교민들에게 재봉틀을 가르쳐 주변을 의류 도매 거리로 조성하기 시작하여 오늘에 이르렀다는 것입니다. 만일 그녀가 혼자만 살려고 동포 한국인들에게 자신의 기술을 가르쳐주지 않았다면, 그녀는 그저 잘 되는 정도의 한 점포 주인으로 머물렀을지도 모릅니다.

하지만 그녀에게는 동포애가 있었고 안목이 있었습니다. 마침내 그녀는 이웃의 번영을 통해 브라질 의류업계의 맹주로 우뚝 설 수 있었습니다.

경쟁과 공생 둘 다 생태의 추동력입니다. 두 가지가 다 필요합니다.

사막 한가운데 조그만 샘이 있었습니다. 그 옆에는 커다란 대추야자나무 몇 그루가 잎을 드리워 그늘을 만들었고, 지나가던 나그네들은 이곳에서 마른 목을 축이곤 하였습니다. 그런데 하루는 한 남자가 이 샘의 주인임을 자처하며 나타나, 목이 말라 찾아든 사람들에게 이 샘에서 나오는 물을 비싼 값에 받고 팔기 시작하였습니다.

그러던 어느 날 남자는 대추야자나무 뿌리가 뻗어 나와 자신의 귀한 샘을 빨아먹고 있음을 발견하였습니다.

"이 비싼 샘물을 나무뿌리가 공짜로 빨아 먹다니!"

샘물을 한 방울이라도 아끼기 위해 남자는 나무를 모조리 잘라 버렸습니다. 그런데 어찌 된 일인지 그로부터 며칠 지나지 않아 샘물이 바닥부터 바싹 말라 버렸습니다. 햇볕과 모래바람을 막아 주던 나무를 베어 버린 때문이었습니다.

오아시스는 생태적 존재방식의 아이콘이 아닐까요. 미묘한 '경쟁'과 '공생'의 두 존재방식이 어우러져 '오아시스'라는 별천지를 만들어내고 있으니 말입니다.

어쨌든, 요즈음 우리 사회에서 상생, 공생, 공존 등의 슬로건이 다양한 주체들에 의해 부각되고 있는 것은 그나마 바람직한 일입니다. 문제의식을 계속 갖고 있으면 언젠가는 해결책도 하나씩 둘씩 늘어날 것이므로.

국민소득 2만 불 시대까지는 '너 죽고 나 살고'식의 경쟁 논리로도 가능하였습니다. 하지만 3만 불 시대를 맞이하려면 이에 더하여 상생의 논리로 보강될 필요가 있습니다. '너'가 죽으면 평균소득이 떨어지는 것은 물론 그 유기적 상관성 때문에 돌고 돌아서 결국 '나' 자신이 죽게 되는 파국을 맞이하게 되어 있기 때문입니다.

그러므로 대한민국 전체의 부강을 위해서는 함께 윈-윈(win-win)하는 상생지수를 높여야 합니다. 이 길이 민족번영의 길인 동시에 '나' 자신이 사는 길입니다.

사람이 희망이다 **285**

유쾌한
희망지혜

희망은
공짜

고수들의 지혜를 훔쳐라 　나는 이 세상에 존재하는 현실적인
문제 가운데 답이 없는 문제는 없다고 확신하는 사람이다. 평소
나는 사람들에게 이렇게 말해 주길 좋아한다.

"당신이 풀리지 않는 문제 때문에 낑낑거리고 있을 때, 이미 그
답을 발견하여 그것을 즐기면서 유유자적하고 있는 사람이 이 지
구상에 반드시 있습니다. 그것이 현실의 문제인 한에서 말입니다."

그러므로 그 답을 가지고 있는 사람을 백방으로 물색하여 조언
을 청하는 것이 지혜일 수 있다. 각 분야마다 절대 고수가 있다.

아무리 가늠해 봐도 인생문제에 관한 한, 내게 3대 스승은 고대
철학자, 고전작가, 그리고 검증된 위인들이다. 그들의 인생코칭은
심오하고, 통쾌하고, 실효적이다. 그들의 고뇌를 통해 응축된 삶
의 예지가 '오래된 미래'임에는 틀림없다.

내가 이 책에서 인용한 글들은 적어도 위의 세 부류에 속하는 인물들의 단상이다. 나는 아무 말이나 인용하지 않았다. 철저히 '고수'들 뒤에 숨었다. 나는 이 책을 겸손하게 썼다. 스스로가 '겸손'을 강조하니 좀 이상하게 들릴지도 모를 일이다. 하지만 사실이다. 어떻게? 나는 우리보다 먼저 살고 간 인생선배들 가운데에서 우리에게 '희망의 깨달음'을 전해 줄 고수들을 물색했다. 그리고 이거다 싶으면 여지없이 포착했다. 그렇다고 어중이떠중이를 끌어들인 것은 결코 아니었다. 요컨대, 적어도 그 한 관점에 있어서는 절대 고수의 말을 배울 줄 알아야 한다.

그 가운데 하나! 영국의 작가이자 정치가인 조지프 애디슨은 절묘하게 말한다.

"인생에서 성공하려거든 끈기를 죽마고우로, 경험을 현명한 조언자로, 신중을 형님으로, 희망을 수호신으로 삼으라."

여기서 내가 주목하고자 하는 것은 '끈기', '경험', '신념'을 겨우 죽마고우, 조언자, 형님으로 빗대 말한 반면, '희망'은 수호신으로 돌연 비약하여 비유하고 있다는 사실이다. 얼마나 호쾌한 수사법인가! 희망은 그만큼 절대적으로 중요하다는 말이다.

자본이 들지 않는 희망사업　　그렇다면, 이제 우리들의 당당한 미래 행군을 위하여, 유쾌한 희망지혜를 곱씹어 보자.

"희망은 비용이 들지 않는다."

프랑스의 소설가 콜레트가 한 말이다.

희망은 공짜!

새로울 것이 없는 이 사실을 우리는 감쪽같이 모르는 척 하고 살아왔다고 해도 과언이 아니다. 우리는 마치 희망의 가격이 억만 금이라도 되는 듯이 희망의 진열장 앞을 서성이며 선뜻 집어 들지 못했다. 감히 손에 쥐어 보고서도 만지작거리기만 하다가 그만 내려놓기 일쑤였다.

희망은 자본이 들지 않는다.

무일푼으로도 '희망사업'은 누구든지 할 수 있다.

잘 되면 대박, 밑져야 본전!

돈이 없다고 변명하지 마라, 희망은 공짜다.

배경이 없다고 핑계대지 마라, 희망의 해는 공평하게 비춘다.

시간이 없다고 넋두리하지 마라, 희망은 무한에 열려있다.

이렇게 값이 들지 않는 희망을 붙잡고 허공에라도 소리를 지르면 하늘도 감동한다.

1636년 병자호란 때, 구포 나만갑이 기록한 글에 기막힌 일화가 있다. 엄청난 비가 그칠 기미 없이 쏟아져 내리는 날이었다. 바람까지 매섭게 불어 성을 지키는 군사들이 얼어 죽지나 않을까 걱정이 될 정도였다. 그때, 인조 임금과 세자가 밖으로 나와 하늘을 향해 빌기 시작했다.

"하늘이시여! 오늘 나라가 이 지경에까지 이른 것은 저희 부자의 잘못이 크기 때문입니다. 백성들과 성 안의 군사들에게 무슨 잘못이 있겠습니까! 벌을 내리시려거든 저희 부자에게 내려주시고 다른 모든 죄 없는 백성들을 보살펴주십시오."

임금은 떨리는 목소리로 간절히 빌었고 눈물은 흘러내려 옷까지 적셨다. 신하들은 임금에게 안으로 들어갈 것을 청했지만 그는 미동도 하지 않았다.

그런데 실로 신기한 일이었다. 얼마 지나지 않아 비가 그치고 밤하늘에 은하수가 나타난 것이었다. 날씨도 그리 춥지 않았다. 그 순간 성 안의 모든 사람들은 감격에 겨워 눈물을 흘리기 시작했다.

자신의 어쩔 수 없는 행동을 안타까워하며 군사들과 백성들을 걱정했던 인조 임금의 진심 어린 마음이 하늘과 백성에 전해져 비를 그치게 하고 백성들의 시위도 막아낸 것이었다.

시쳇말로 공짜 희망이 하늘로부터 횡재를 얻어냈다.

고정관념의 무덤 위에 희망꽃이 핀다　　희망은 공짜지만, 우리는 그것을 마음껏 누리지 못한다. 고정관념 때문이다. 고정관념은 우리를 절망으로 유인한다. 하지만 희망은 그 고정관념이 깨어질 때 존재감을 드러낸다.

나는 학교 다닐 때 리포트를 과제로 제출하는 과목을 좋아했다. 특히 책을 읽고 독후감 쓰는 것이 좋았다. 거기에는 내 나름의 노하우가 있었다.

비결은 이것이다. 책을 읽고 나서 책을 덮은 그 순간, 책에서 빠져 나온다. 책 속 논리를 충분히 즐긴 다음 그에 빠지지 않고 책의 표지를 딱 덮고 나자마자 내 마음의 세계에서 책을 멀리 보내버린다. 그리고 그 자리에 대신 나의 생각이 자리한다. '이 사람이 왜 이런 글을 썼을까?', '나는 무엇을 느꼈는가?' ….

한마디로 틀을 벗어난 사유놀이가 시작되는 것이다. 그렇지만 처음부터 밖을 보진 않는다. 안에서부터 성실하게 음미한 다음에 나와 버린다. 그러면 자유를 얻게 된다. 결과적으로 저자의 논리를 충분히 이해하면서도 저자 논리 세계의 밖을 동시에 보게 되는 것이다.

저절로 터득한 이 학습법을 통해 나는 박사학위 논문을 우수하게 패스할 수 있었다.

틀을 벗어나는 연습을 하면 훨씬 자유로워지고, 그만큼 창조적이 된다.

이런 사유놀이를 하면 희망은 도처에서 발견된다. 그리고 이 희망들이 스스로의 힘으로 꽃을 피우고 열매를 맺는 것이다.

영국 런던 패션의 거리인 옥스퍼드에 뛰어난 손재주를 가진 3명의 재봉사가 있었다. 문제는 그들 다 너무 가까운 곳에 가게를 연 것이었다. 그들은 서로 손님을 더 끌어 모으려고 눈에 띄는 간판을 걸기 위해 선의의 경쟁을 펼쳤다.

먼저 첫 번째 재봉사가 '런던에서 가장 훌륭한 재봉사'라고 쓴 간판을 내걸었다. 이 간판을 본 두 번째 재봉사가 자신의 문구를 내걸고는 흐뭇해 했다. 그의 간판에는 '영국에서 가장 훌륭한 재봉사'라고 쓰여 있었다. 간판 문구 덕에 두 가게에 손님들이 몰리기 시작하자 세 번째 재봉사는 마음이 조급해졌다.

"여기서 내가 '세계에서 가장 훌륭한 재봉사'라고 간판을 단다면 사람들이 비웃겠지?"

그때 학교에서 돌아온 아들이 아버지의 이야기를 듣고 그 자리에서 고민을 해결해 줬다. 이튿날 그가 단 문구를 보고 가장 많은 손님이 몰려들었다. 문구는 이랬다. '이 거리에서 가장 훌륭한 재봉사'[1]

무릎이 탁 쳐지지 않는가. 고정관념이 깨어지니, 기막힌 발상이 빛을 발하는 것이다.

한
걸음만

모모　　오늘날도 어린이와 어른에게 동시에 사랑받으며 전세계 수천만의 독자를 가진 미하엘 엔데의 《모모》. 한때 히트한 노래제목이기도 했다.

　　모모는 철부지 모모는 무지개
　　모모는 생을 쫓아가는 시계바늘이다
　　모모는 방랑자 모모는 외로운 그림자…

　철부지 모모는 '시계바늘'의 비밀을 좇은 추적자였다. 이윽고 평범함으로 위장된 놀라운 발견에 이르게 된다. 오늘 우리에게는 악몽 같은 중압으로부터 자유를 선사하는 깨달음의 죽비 한방!
　"때론 우리 앞에 아주 긴 도로가 있어. '너무 길어 도저히 해 낼 수 없을 것 같아' 이런 생각이 들지. 그러면 서두르게 되지. 그리고 점점 더 빨리 서두르는 거야. 허리를 펴고 앞을 보면 조금도 줄어들지 않은 것 같지. 그러면 더욱 긴장되고 불안한 거야. 나중에는 숨이 턱턱 막혀서 더 이상 비질을 할 수가 없어. 앞에는 여전히 길이 아득하고 말이야. 하지만 그렇게 해서는 안 되는 거야. 한꺼번에 도로 전체를 생각해서는 안 돼. 알겠니? 다음에 딛게 될 걸음, 다음에 쉬게 될 호흡, 다음에 하게 될 비질만 생각해야 하는 거야. 계속해서 다음 일만 생각하는 거야. 그러면 일을 하는 게 즐겁지. 그게 중요한 거야. 그러면 일을 잘 해 낼 수 있어. 한 걸음 한 걸음 나가다 보면 어느새 그 긴 길을 다 쓸었다는 것을 깨닫게 되지. 어떻게 그렇게 했는지는 모르겠고, 숨이 차지도 않아."[2]

한 걸음 한 걸음!

그러면 발걸음도 가뿐해질 뿐 아니라, 나아가 홀연 춤사위가 되지 않겠는가.

한 발짝의 모험　　　우리 주변에서 쉽게 만날 수 있는 응원자들은 도처에 있다.

1983년 맨손으로 뉴욕 엠파이어스테이트 빌딩을 등반한 불굴의 사나이 버슨 햄. 그는 뛰어난 기술로 위험천만한 초고층 빌딩을 등반해 당당히 기네스북에 올랐다.

이후 미국의 '고소공포증 치료연합회'는 이 맨손의 스파이더맨에게 '치료회 심리고문으로 초청하고 싶다'는 편지를 보냈다. 초청장을 받은 버슨 햄은 이 연합회 회장인 로만슨에게 전화를 걸어, 회원번호 1,042번의 개인 정보를 찾아보라고 말했다.

1,042번 회원은 다름 아닌 버슨 햄이었다. 고소공포증 환자들의 우상이 된 그가 과거에는 매우 심각한 고소공포증 환자였던 것. 로만슨 회장은 놀라움을 금치 못하며 버슨 햄을 찾아가 직접 성공 비결을 들어보기로 했다.

로만슨이 필라델피아 교외에 자리한 버슨 햄의 집에 도착했을 때, 그곳에서는 막 그의 빌딩 등반을 축하하는 파티가 벌어지고 있었다. 그런데 행사장 한가운데서는 버슨 햄 대신, 한 할머니가 10여 명의 기자들에 둘러싸여 있었다. 그녀는 94세의 버슨 햄의 증조할머니였다. 할머니는 증손자가 기네스 기록을 세웠다는 소식을 듣고 100km나 떨어진 글라스보로에서 이곳까지 걸어서 왔던 것이다. 할머니도 증손자의 도전 정신에 화합하듯 불굴의 정신을 보여주고 싶었다는 것이 그 이유였다. 할머니의 이 축하법은 역시나 세계신기록이 되었다.

〈뉴욕타임스〉의 한 기자가 할머니에게 물었다.

"100km를 걸어 손자를 보러 오기로 마음먹었을 때, 혹시 나이나 건강 때문에 망설이지는 않았습니까?"

할머니가 조금의 망설임도 없이 대답했다.

"단숨에 100km를 달리는 데는 용기가 필요해요. 하지만 한 발짝 걷는 데는 용기가 필요 없지요. 그저 한 발 한 발 계속해서 걷다 보면, 한 발이 또 한 발이 되고, 또 한 발이 되어 100km도 갈 수 있답니다."[3]

로만슨 회장은 할머니의 이 말을 엿듣고는, 단번에 버슨 햄이 고층 빌딩을 오를 수 있었던 비결을 깨달았다. 버슨 햄도 한 걸음 한 걸음 옮기는 용기로 400m나 되는 높은 고지에 오를 수 있었던 것!

한 걸음의 목적지는 스스로 정하는 것이다.

처음에는 몇 달쯤이면 당도할 단거리, 그 다음엔 몇 년 걸릴 중거리, 그리고 할 수 있으면 릴레이로 이어져야 할 원거리까지.

문제는 용기를 내야 한다는 것이다. 살다 보면 누구에게나 살얼음판을 내딛는 심정이 될 경우가 찾아온다. 또 손가락 하나 움직일 힘도 의욕도 없을 때가 있다. 이럴 경우에는 어떻게 해서든지 용기를 내야 한다.

"나는 용기가 없어"라고 단념하는 이들이 있다면, 간단한 셈을 해 보기를 권한다.

절망에 빠져 힘들어하는 것과 거기서 일어서보려는 용기를 내는 것, 이 둘 중 무엇이 덜 고통스러운가? 계산을 잘 해 보면 그래도 용기를 내보는 수고가 훨씬 수월함을 깨닫게 될 것이다.

변화된 결과를 원하면 변화된 그 무엇이 시도되어야 한다. 똑같은 행위를 하면서 다른 결과를 기대하는 것은 부질없는 일이다.

그러므로 용기를 추스르고 모험을 감행할 일이다. 단 한 발짝의 모험 말이다.

작은 불씨 한 점　　요즘은 어떨까 싶지만, 우리 시대에는 캠프파이어가 최고의 낭만이었다. 어느 여름 방학, 야영 숙소 마당에서 거창하게 장작더미를 쌓아놓고, 멋을 더하기 위해 마땅한 솜뭉치 글씨를 준비해야 했다. 한참 고심하던 중 떠오른 글귀!

'작은 불씨 한 점'

그날 불길은 한껏 사위었다. 그런데, 그날의 이벤트는 말 그대로 내 가슴속에 '작은 불씨 한 점'을 점화하였다.

이후 나는 무슨 일을 시작하든지 '작은 불씨 한 점'의 원리로 출발한다. 결과는 늘 장하고, 놀랍고, 무서웠다.

절망 한 점도 일단 점화되면, 삽시간에 주위를 암흑으로 물들인다.

희망 역시 한 점 불씨만 있으면, 온 세상으로 번지는 것은 시간문제다.

나는 언젠가 이 번짐의 법칙을 황홀하게 관조하다가 시 한 점에
봉인해 두었다.

점,
한 점,
창호지에 먹물 한 점,
쫘 – 아 –악.

씨,
씨알,
황무지에 씨알 하나,
쑤 – 우 –욱.

절망도 쫘 – 아 –악.
희망도 쑤 – 우 –욱.

절망이건 희망이건 이렇게 기세 좋게 번지다가 일정량에 이
르게 되면, 그땐 삽시간에 보편 현상이 된다. 어떻게? 미국의
라이얼 왓슨에 의해 이름 붙여진 100마리째 원숭이 현상(the
Hundredth Monkey Phenomenon)이 가져온 파급력 때문이다.
1952년 일본 미야자키현의 고지마 섬에서, 원숭이들에게 고구마

를 씻어먹는 법을 가르쳤더니, 100마리째를 넘게 되자 전혀 왕래가 없던 다른 섬의 원숭이들도 저절로 씻어먹을 줄 알게 되더라는 불가사의한 현상. 1994년 인정받은 이 학설이 시사하는 바는 무섭다. 어떤 행위를 하는 개체의 수가 일정량(Critical Number)에 달하면 그 행동은 그 집단에만 국한되지 않고 시간과 공간을 뛰어넘어 확산된다고 하니 말이다.[4]

고로 자칫하면 작은 불씨 한 점이 절망의 신호탄이 될 수도 있다.

하지만 그것은 온전히 절망일 수 없다.

그 치유책 또한 겨우 작은 불씨 한 점이기 까닭에.

1할~2할
오케이!

숨 쉬는 한　　대학 시절 영어 공부를 겸해서 원서로 읽은 또 하나의 책으로 버트런드 러셀의 《행복의 정복》이 있었다. 책 내용 가운데 지금도 생각나는 대목이 있다.

"행복하려면 자신을 억압하던 집착에서 벗어나 체념할 줄도 알아야 한다."

이는 인본주의 신봉자이자 평화주의자인 러셀이 전쟁과 원폭 반대운동을 하며 내세웠던 실천지혜였다. 그가 말하는 체념은 포기와는 다른 것이었다. 곧 탐욕이나 아집에 대한 대안으로서 체념을 말한 것.

한창 의욕에 넘칠 나이의 나에게 이 '체념'이라는 말은 무척 신선한 개념이었다. 끈질기게 추구할 것은 집요하게 밀고 나가되, 일단 '아니다!'라는 판단이 들면 가차 없이 접으라는 말이 퍽 매력적으로 들렸다.

그렇다고 낙심이나 절망은 금물이다! 기분 좋게 욕심을 거둬들이면 되는 것이다.

중국 사람들에게 '1할~2할'이라는 말이 있다고 한다.

"1할~2할? 이 정도면 됐다."

"1할~2할! 그나마 다행이다."

"1할~2할. 괜찮다, 괜찮다."

인생에서 마음대로 되지 않는 일 8할~9할을 아예 접어두고 이 말을 하는 것이다.

호쾌한 역발상이다. 1할~2할 오케이!

정말이다. 행복한 인생을 살고 싶다면 그 10~20%의 좋은 일들을 먼저 생각할 줄 알아야 한다. 그러면 사소한 일도 다행으로 생각하며 소중하게 여길 줄 알게 되고, 80~90%의 뜻대로 안 되는 일 때문에 좌절하지는 않을 것이다.

무엇을 세며 살 것인가? 그 선택에 우리의 행복과 희망이 달려 있다.

손실을 세기보다는 이익을 세어라.

재난을 세기보다는 기쁨을 세어라.

적을 세기보다는 친구를 세어라.

눈물을 세기보다는 미소를 세어라.[5]

세어보면 우리는 너무 많은 것을 누렸고, 아직도 많은 것을 가지고 있다. 잘 세어보면, 우리는 실패자가 아니라 성공인이고, 불행이 아니라 행복의 사람이고, 고독이 아니라 우정 속에 살고 있고, 불운이 아니라 행운을 누리며 살고 있음을 고백하지 않을 수 없기에!

광활한 황무지에서 피어난 희망지혜가 풍기는 낙관의 경지가 경탄스럽다.

"살아있는 한 희망은 필히 있기 마련!"(有生命必有希望)

희망의 예지는 동서로 뚫려있다. 그러기에 라틴어 경구는 방금의 말과 자구적으로 일치한다.

"숨 쉬는 한, 나는 희망한다."(둠 스피로 스페로: Dum spiro, spero)

아직 숨이 붙어 있는가? 그렇다면 희망은 있다.

딱 3일만　　　희망은 내 일생이었다. 희망은 지금도 나의 주제다. 나는 강아지 이름을 일부러 '희망'이라 붙여 키우기도 했다. 희망을 뜻하는 라틴어 'spes'를 내 ID넘버의 근간으로도 삼았다.

하도 희망타령을 하니까, 한번은 모 잡지사 기자가 물었다.

"좋습니다. 감당하기 벅찬 절망이 덮치면 어떻게 하실 겁니까? 그때도 희망을 고집할 것입니까?"

나의 답변은 이랬다.

"나는 나에게 딱 3일만 절망할 시간을 줄 것입니다. 소리를 지르든지, 울든지, 술을 퍼마시든지, 신세타령을 하든지 하면서 실컷 절망하라고 말입니다. 그리고 희망을 추슬러서 다시 벌떡 일어날 것입니다!"

희망을 생각할 때, 나는 고 정채봉 작가의 〈너를 생각하는 것이 나의 일생이었지〉란 제목의 시가 떠오른다.

모래알 하나를 보고도

너를 생각했지

풀잎 하나를 보고도

너를 생각했지

너를 생각하게 하지 않는 것은

이 세상에 없어

너를 생각하는 것이

나의 일생이었지

여기서 굳이 '너'를 누구라고 또는 무엇이라고 가둬두고 싶지 않다. 누구면 어떻고 무엇이면 어떠랴! 그렇게 골똘히 생각하는 나 자신이 희망이 아니고 무엇이겠는가!

우선순위의 법칙　　　여태 '희망 경전'을 엮으려 꾀해 봤다. 단지 기초를 놓았을 뿐임을 안다. 그것이라도 길이 튼실하기를 소망한다.

　이제껏 나는 꽤 오래도록 수집한 희망 단편들 가운데 쓸모 있어 보이는 것들은 죄다 곳곳에 배치하였다. 마치 골동품 수집가가 한 점 한 점 사연과 가치에 애착하듯이 나 역시 이 글에 실린 각각 곡절 있는 깨달음과 지혜를 소중히 여긴다. 그것들은 이미 내 삶의 일부가 되어서 자신의 때가 되면 유감없이 희망 에너지를 뿜어댄다.

　하지만 아무리 좋은 것이라도 온전히 나의 것이 되지 못할 땐, 오히려 번거로움을 초래할 뿐이다. 그리하여 둘러보면 숫제 희망임에도 여전히 절망의 명분만을 늘어놓는 사람들이 있다. "그럴듯하지만, 그게 현실에선 쉽지 않아요", "알아도 실행이 잘 안 돼요", "해 봤지만, 어려워요" 등등….

　이런 현실적인 무력감을 염두하고서, 나는 마지막으로 내가 체득한 '우선순위의 법칙'을 소개한다. 핵심은 이렇다.

　"무엇이건 우리가 매겨놓은 우선순위에서 0순위 또는 1순위에 있는 것은 '다 쉽다'!"

새벽 조찬 강의를 가보면, 호텔마다 아침 6시부터 회사 중역들로 북적댄다. 그들은 언제 일어나서 그 이른 시간에 당도했을까? 생각만 해도 고달픈 일이다. 하지만 그들에게는 '쉽다'. 왜? 새로운 정보와 넓은 인맥이 우선순위에서 앞에 와 있기 때문에.

요즈음 아르바이트를 밤늦은 시간까지 해야 하는 학생들이 많다. 그들은 시간에 쪼들려 연애를 못할까? 잘들 한다. 왜? 그것이 우선순위에서 앞에 와 있기 때문에.

희망을 갖는 것도 행복을 누리는 것도 마찬가지다. 아무리 그 반대로 유혹하는 핑계거리가 강력하게 잡아끌어도, 우선순위를 앞으로 당겨 놓으면 얘기는 끝난다.

그리하여 나의 결론은 단호하다.

사랑? 쉽다.
행복? 쉽다.
희망? 쉽다.

만일 그것이 내 우선순위 맨 앞에 와 있다면, 무엇이건 결코 어렵지 않다.

괜찮다 괜찮다

스마트 시대에 뒤떨어지고 싶지 않다. 길은?

스마트 시대는 우리를 압박한다. 뒤떨어지지 말아야 한다는 중압은 크다. 여유부릴 틈이 없다. 하여 다소 세련된 어조로 묻는다.

"스마트 대열에서 낙오되고 싶지 않습니다. 완급을 가릴 입장이 못 됩니다. 앞서가는 실제적인 방법은 없을까요?"

이 질문에 나는 만족스런 답을 줄 수가 없습니다. 단지 에둘러 큰 지혜의 실루엣을 보여줄 수 있을 따름입니다. 답변으로 내가 줄 수 있는 것은 현자의 지혜가 깃든 사자성어입니다.

대지약우(大智若愚)!

'큰 지혜는 어리석음과 같다'라는 의미의 이 문구는 송나라 팔대 문호의 한 사람 소식에 의해 세간에 알려졌지만, 본래 노자의 말에서 유래했습니다.

"너무 큰 음은 소리로 안 들리고 너무 큰 상은 형이 없다."(大音希聲 大象無形)[6]

그런즉,

"큰 지혜는 어리석어 보이는 법!"(大智若愚)

결국 같은 것을 얘기하고 있는 셈인 이 세 사자시문(四字詩文)은

306

인간 인식구조의 한계를 명쾌하게 지적하고 있습니다. 인간의 귀는 '큰 소리'를 들을 수 없고, 인간의 눈은 '큰 형상'을 볼 수 없습니다. 그러니 인간의 머리로는 '큰 지혜'를 알아듣지 못하여 그것이 꼭 바보스럽게 여겨짐이 당연하다는 것입니다.

어쩌면, 약 2,500년 전의 인물 노자가 21세기에서 바라보는 희망찬 미래를 기약해 주고 있다는 이 사실이 억지로 들릴지도 모릅니다. 이런 이들을 위하여 노자는 특유의 수사법으로 이렇게 풀어 말합니다.

"크게 충만한 것은 빈 것과 같다. 그러나 그것의 작용은 다함이 없다. 크게 곧은 것은 굽은 것과 같고 뛰어난 기교는 졸렬한 것과 같고, 뛰어난 말솜씨는 어눌한 것과 같다."[7]

그러니 큰 지혜는 바보 같을 수밖에!

이 위대한 깨달음의 연장선상에 '큰 희망'이 놓여 있습니다. 결국, 큰 희망도 너무 커서 모양을 드러내지 않으므로 꼭 절망처럼 보이기 마련입니다.

이쯤에서 우리의 본 주제인 '어떻게 스마트를 이길 것인가?'에 다시 집중해 보도록 합시다.

한마디로, 스마트를 앞설 수 있는 유일한 대안은 바로 이 큰 지혜, 곧 바보스러움의 지혜입니다. 영국의 어느 극단에 배우가 되기를 갈망하는 소년이 있었습니다. 하지만 몇 년 동안 그가 한 일이라곤 심부름과 청소, 잡일밖에 없었습니다.

그러던 어느 날이었습니다. 무대 뒤에서 청소를 하고 있던 이 소년에게 조연출자가 와서는 단역 배우 한 사람이 사정상 빠지게 되었으니 대역을 하라는 것이었습니다. 그 역할은, 임금이 궁중에서 만찬을 베풀고 있는 때에 병사 하나가 들어와서 전쟁의 급보를 전하는 한 장면뿐이었습니다.

자신에게 주어진 이 역을 두고 소년은 깊이 생각했습니다. 그는 이 장면을 이미 여러 번 보아왔습니다. 얼마든지 할 수 있는 짤막한 연기였습니다. 하지만 그는 자신의 등장시간이 될 때까지 가만히 있을 수 없었습니다. 그래서 동료에게 무대에 올라갈 시간이 임박하면 연락해 달라고 말한 뒤, 복장을 갖추고 무대 뒤뜰로 나갔습니다. 그러고는 그곳에서 계속 달리기 시작했습니다. 땀이 흘러 곱게 분장한 얼굴이 엉망이 되었습니다. 신발과 바지아랫단은 먼지투성이가 되었습니다. 숨이 턱까지 차올라 금방 쓰러질 지경이 되었습니다. 바로 이때 무대에 오르라는 신호가 왔습니다. 드디어 이 소년이 무대에 등장했을 때 모든 관객은 정말 먼 전쟁터에서 며칠 밤낮을 달려온 한 병사의 모습을 보았습니다.

이 소년이 바로 영국의 연극수준을 한 단계 높여 놓았고, 후에 작위까지 받은 세계적 배우 로렌스 올리비에입니다.

자칭 똑똑한 이들의 눈에는 올리비에가 미련퉁이로 보였을지도 모릅니다. "뭐 그렇게까지야…" 하고 말이지요. 하지만 그에게는 모든 배역이 '진짜 현실처럼 실감나야 한다'는 고집이 있었습니다. 그러기에 그는 '연기'가 아니라 '실제'를 무대 위에 올렸던 것입니다. 뛰어난 연기력으로 승부를 건 '스마트' 연기자들에게는 비웃음 거리였을 테지만. 결국, 후세의 사람들은 올리비에를 세기의 연기자로 꼽아주었습니다.

'스마트'는 "빠름, 빠름, 빠름"에 승부수를 던집니다. 그에게 시간은 노상 긴장입니다.

하지만 바보스런 '프로페셔널'들은 승부 자체를 거부하고 마냥 순간에 몰입합니다. 그에게 시간은 언제나 축제입니다.

에필로그

구원투수는 불펜(bull pen)에 없다

어렸을 적 나중에 먹으려고 남겨둔 사탕 한 알처럼, 일부러 건드리지 않고 소중히 유보해 둔 물음이 있다.

"단도직입적으로 희망은 무엇인가?"

손에 잡히는 희망의 본질을 말해 보라는 누구나의 궁금증이다. 단순하지만 섣부르게 답할 수 없는 물음이다.

그리하여 철학자와 현자의 지혜를 집약하건대, 희망은 한마디로 인간 초월욕구의 발로다. 그렇다면 초월욕구는 무엇인가? 다름이 아니라 "오늘보다 더 나은 내일의 '나'가 되고픈 욕구"를 가리킨다.

희망이란 결국 '나' 자신에 대한 욕망이다. 오늘의 나보다 더 행복한 나, 더 사랑스러운 나, 더 착한 나….

이윽고 희망한다는 것은 '나' 자신에 대한 기대로 여전히 설렌다는 것을 의미하며, 희망을 접는다는 것은 '나' 자신을 포기한다는 것을 뜻한다.

희망을 갖자. 하여 '나'에게 무한 신뢰와 기회를 줘보자.
희망하자. 하여 '나'를 보듬고 매일 흥분되는 새출발을 해 보자.

영국의 총칼에 눌려 절망에 빠진 인도인들에게 용기를 준 것은 간디의 한마디 말이었다. 그는 어느 날 거리에서 엎드려 슬피 우는 이를 보고 주머니에서 수건을 꺼내 눈물을 닦아주며 이렇게 말했다.

"모든 이의 눈물을 닦아주고 싶지만 나에게는 손이 모자라는군요."

이 말 한마디가 실의에 잠겨있던 인도인들에게 한 줄기 희망의 빛을 던져주었다. 인도인들은 이 말에서 힘을 얻어 분연히 일어섰다.

모든 이의 눈물을 닦아주고 싶지만 나에게는 손이 모자라는군요!

글을 갈무리하는 지금 내 심정이 꼭 그렇다. 희망에 관한 지혜라면 발품을 팔아서라도 수집했다. 답답할 땐 번민했다. 안 보일 땐 마구 추적했다. 그리하여 희망향연의 식탁 한 상 조촐하게 차렸다. 그저 맘껏 즐기시고 기운 차리시길! 이것이 남은 바람이다.

희망의 귀환!

희망을 잡고 보니 그것은 바다 건너 이야기 속 '큰 바위 얼굴'이었다.

나 자신이 바로 내가 기다리던 그 사람이다.

나 자신이 바로 내가 찾던 변화다.

변화와 더 좋은 시기가 오기만을 기다려 봤자, 영영 오지 않을 수 있다.

나의 삶, 우리 사회에 변혁을 가져올 구원투수는 지금 불펜에 없다.

왜냐하면 그 사람이 바로 나이기 때문!

참고문헌

프롤로그
1 김숙향 엮, 《다빈치의 마음 열기, 가장 큰 결과를 얻는 방법》, 텐북

part1 포옹하라

네게 희망이 오고 있다
1 박시호, 《여섯 번째 행복편지》
2 빈센트 반 고흐, 《반 고흐, 영혼의 편지》, 예담 참조
3 전헌호, 《인간 그 전모》, 위즈앤비즈 참조
4 '정재승이 만난 사람들', 2011년 12월 9일자 〈예스24 채널예스 'ch.yes24.com'〉
5 표정훈(출판평론가), 네이버캐스트 〈인물세계사〉 참조
6 2011년 4월 12일 〈현대카드 슈퍼토크〉 참조
7 문병란, 〈희망가〉, 《내게 길을 묻는 사랑이여》, 모던
8 김은태, 《재밌는 리더가 사람을 움직인다》, 대산출판사 참조
9 차동엽, 《잊혀진 질문》, 명진출판 참조
10 밥 보딘, 《WHO》, 웅진지식하우스 참조

이제 희망을 이야기하자
1 최상진 칼럼, 2011년 12월 27일자 〈경희미디어〉 참조
2 류태형(전 〈객석〉 편집장, 음악 칼럼니스트), 네이버캐스트 〈클래식ABC〉 참조
3 정보라, 2013년 1월 2일자 〈블로터닷넷〉
4 한병철, 《피로사회》, 문학과지성사 참조
5 엠마 골드만, 〈희망을 찾아라〉, 김동범 엮, 《삶이 그대를 슬프게 할지라도》, 푸르름
6 육진아 기자, 2011년 1월 17일자 〈대학내일〉
7 프리드리히 실러, 〈꿈은 희망을 낳는다〉

절망은 껍데기일 뿐
1 잭 캔필드, 《마음을 열어주는 101가지 이야기》, 이레 참조

2 막시무스, 《지구에서 인간으로 유쾌하게 사는 법 2》, 갤리온 참조
3 나카타니 아키히로, 《에너지스위치》, 다산라이프 참조
4 KBS스페셜 〈행복해지는 법〉 참조
5 나태주, 〈희망〉, 《너도 그렇다》, 종려나무
6 송문구, 《상대를 내 사람으로 만드는 배려》, 텐북 참조
7 막시무스, 《지구에서 인간으로 유쾌하게 사는 법》, 갤리온 참조
8 개그맨 조지훈 인터뷰, 2012년 1월 7일자 〈중앙 SUNDAY〉

part2 춤추라

희망은 불끈한다
1 작자 미상, 〈오사카 상인의 정신〉, 윤정우, 《500만 원으로 시작하는 내 회사 만들기》, 국일증권경제연구소
2 조지 베일런트, 《행복의 조건》, 프런티어 참조
3 이옥순, 《식민지 조선의 희망과 절망 인도》, 푸른역사 참조
4 김흥식, 《세상의 모든 지식》, 서해문집
5 위와 같은 책
6 인터넷 사이트 〈최상규의 유머 발전소〉 참조
7 이요셉, 《인생을 바꾸는 웃음 전략》, 뜨인돌출판사 참조

희망은 명중한다
1 정화찬, 《미래를 밝히는 생각램프》, 미네르바 참조
2 박요한, 《도전하라 기회가 있다》, 한스미디어 참조
3 브라이언 트레이시, 《성취심리》, 씨앗을뿌리는사람
4 월간 《좋은생각》 참조
5 김윤경 기자, 2011년 12월 27일자 〈매일경제〉 참조
6 차동엽, 《맥으로 읽는 성경1》, 위즈앤비즈

희망은 도약한다

1 2005년 3월 21일자 〈국민일보〉 참조
2 프리츠 리만,《불안의 심리》, 문예출판사
3 1999년 6월 2일자 〈국민일보〉 참조
4 김현태,《꿈꾸는 10대를 위한 행복 참고서》, 더난
   출판사 참조
5 맹자,〈고자 하〉 15,《맹자》

part3 심기일전하라

맷집으로

1 친위,《괜찮아, 잘 될 거야》, 글담 참조
2 에리히 프롬,《The Sane Society(건전한 사회)》 참조
3 김하 엮,《만일 내가 인생을 다시 산다면》, 토파즈
4 와타나베 준이치,《둔감력》, 형설라이프 참조
5 이병욱,《울어야 삽니다》, 중앙M&B, 참조
6 SBS스페셜 〈신이 내린 묘약 - 눈물〉 참조
7 곽병찬 논설위원, 2007년 7월 30일자 〈한겨레〉 참조
8 이종선,《따뜻한 카리스마》, 갤리온 참조

돌파력으로

1 EBS지식채널e 〈위험한 힘〉 참조
2 2005년 9월 29일자 〈국정브리핑〉 참조

뒤집기로

1 김명수 기자 · 신현규 기자, 2012년 7월 29일자
   〈매일경제〉 참조
2 현대카드 TV광고 〈Make your Rule 복싱편, 멘토
   편〉 참조
3 최병국 기자, 2012년 12월 26일 〈한국대학신문〉
4 차동엽,《무지개 원리》, 국일미디어 참조
5 이은경 편집위원, 2012년 2월 24일자 〈여성신문〉
6 김숙향 엮,《다빈치의 마음 열기, 가장 큰 결과를
   얻는 방법》, 텐북
7 프리드리히 니체,《인생의 목적》, 이명수,《바보
   의 성공철학》, 지성문화사
8 전헌호,《가능성과 한계》, 위즈앤비즈 참조
9 롤프 옌센,《드림 소사이어티》, 리드리드출판
10 엄광용 엮,《따뜻한 감동》, 새와물고기 참조
11 정규훈, EBS눈높이 명심보감 〈참는 자의 복-인내
   력 훈련〉 참조

part4 즐겨라

길이 목표다

1 SBS스페셜 〈인재전쟁 - 1부 신화가 된 인재〉 참조
2 존 비비어,《구원》, 두란노 참조
3 윌리엄 데이먼,《무엇을 위해 살 것인가》, 한국경
   제신문사
4 오영훈 소장, 2011년 10월 4일자 〈대학내일〉 참조
5 피터 드러커,《피터 드러커 강의》, 랜덤하우스코
   리아 참조
6 마하트마 간디, 〈멈추지 마라〉, 김동범 엮,《삶이
   그대를 슬프게 할지라도》, 푸르름
7 고경남,《서른 셋, 지구의 끝으로 가다》, 북센스
   참조
8 켄 가이어,《영혼의 창》, 두란노 참조
9 월간 〈좋은생각〉 참조

사람이 희망이다

1 하세가와 야스코,《힘들면, 도와달라고 말해요》,
   김영사 참조
2 요한 볼프강 폰 괴테, 〈사랑의 찬가〉
3 류중현 엮,《당신을 만나 행복합니다》, 한국방송
   출판 참조
4 박시호,《여섯 번째 행복편지》 참조
5 박시호,《여섯 번째 행복편지》
6 오정현,《신 동행기》, 두란노 참조
7 반기문 UN사무총장, 2011년 8월 11일 〈인천대학
   교 특별강연〉 참조
8 김용신,《오늘 하루도 당신 거예요》, 들녘 참조
9 은미희 소설가, 2009년 5월 7일자 〈문화일보〉 참조
10 차윤정,《숲 생태학 강의》, 지성사

유쾌한 희망지혜

1 2010년 2월 호 월간 〈행복한 동행〉 참조
2 미하엘 엔데,《모모》, 비룡소
3 우장홍,《어머니의 편지》, 넥서스BOOKS 참조
4 박시호,《여섯 번째 행복편지》 참조
5 작자 미상, 〈생활의 계산〉
6 《도덕경(道德經)》 41장
7 위와 같은 책 45장

사진제공
포토리아 16쪽, 100쪽, 146쪽, 170쪽, 190쪽, 210쪽, 238쪽, 262쪽, 286쪽

희망의 귀환
희망을 부르면, 희망은 내게 온다

초판 1쇄 발행 2013년 3월 21일
         30쇄 발행 2013년 5월 15일

글 차동엽

펴낸이 백인순
펴낸곳 위즈앤비즈
주소 서울시 마포구 합정동 381-21 3층
전화 02-324-5677   **팩스** 02-334-5611
출판등록 2005년 4월 12일 제 313-2010-171호

ISBN 978-89-92825-72-6 03320